DE L'ART DE NEGOCIER AVEC LES SOUVERAINS.

Par Mr. Pecquet.

A LA HAYE,
Chez JEAN VAN DUREN,
M. DCC. XXXVIII.

EPITRE

AU ROI.

IRE,

Témoin des principes respectables du Régne de VO-

TRE MAJESTE', *je puis mieux qu'un autre en publier la grandeur & la sagesse.* VOTRE MAJESTE' *n'a armé son bras, que lorsqu'Elle l'a crû nécessaire pour affermir la tranquillité publique, dont les fondemens étoient ébranlés de toutes parts, & la même main qui a frapé rend la Paix à l'Europe.*

Ce moment si flateur pour VOTRE MAJESTE', *& si illustre pour son Regne, m'a paru celui que je devois choisir, pour mettre au jour les fruits d'une assez grande expérience, & d'un long usage de réflechir, & de méditer sur*

sur la conduite des affaires. J'ai crû, SIRE, *que ce Traité sur l'Art de la Negociation aïant pour objet d'en inspirer le goût à la Nation, & de lui apprendre à mériter l'honneur de representer* VOTRE MAJESTÉ, *auroit un effet certain, lorsqu'il paroîtroit sous ses auspices, & avec les caractéres de son approbation.*

Ses Sujets y verront ce qui peut les rendre capables d'un ministere si élevé; ils apprendront là la maniere dont VOTRE MAJESTÉ *veut être servie, & ils connoîtront combien il faut de vertus, pour représenter dignement un Prince qui en est le modéle.*

Je suis, avec le plus profond respect,

SIRE,

DE VOTRE MAJESTÉ,

Le très-humble, très-obéïssant, & très-fidéle serviteur & sujet,

PECQUET.

PRE-

PREFACE.

LEs hommes ont fait, pour ainsi dire, de l'usage de la societé, une espéce de negociation continuelle. Comme il y a des différences nécessaires entre tous les états, & que dans ceux mêmes que l'on estime égaux, il y a un commerce journalier d'objets, de vues & de désirs, il n'y a personne qui n'ait, ou qui ne croïe avoir besoin d'autrui. De-là naît cette espéce de negociation universelle dont on vient de parler. On veut plaire à l'un, ou intimider l'autre; on en

Preuves que presque tout est negociation dans la vie.

cherche les moïens. On veut favoriser son ami, ou desservir son ennemi : on fait envisager des espérances à quelqu'un pour en obtenir plus facilement ce que l'on désire ; on s'étudie à faire valoir certains objets, on prend certaines tournúres pour ne déveloper ses vues qu'à propos, & d'une maniere qui en facilite le succès. On tâche enfin de connoître le foible des hommes pour déterminer la maniere de leur parler dans l'occasion, ou de vivre avec eux habituellement. Tout homme qui voudra se rendre fidélement compte de sa vie, conviendra avec lui-même que c'est-là l'occupation qui en remplit ordinairement le cours. Et cette proposition ne suppose pas même que les hommes soient toujours & nécessairement conduits par des vues d'intérêts particuliers, puisque ceux mêmes qui seroient inté-

intéreſſés dans leurs démarches, ont beſoin de cette même étude dans le ſeul objet de la ſocieté. Un homme me paroît tel, que je crois en pouvoir, ſans intérêt, faire mon ami: mon premier mouvement eſt de le connoître & de le déveloper entierement, afin d'apprendre le chemin de lui plaire & de lui inſpirer pour moi le même goût que je crois ſentir pour lui. Tout eſt donc, pour ainſi dire, commerce, ou negociation dans la vie, même entre ceux qui ſeroient ſuppoſés n'avoir rien à craindre ni à eſperer les uns des autres.

Qui ne concluroit pas de là que tous les hommes, ou du moins la plùpart, ſont propres à la negociation publique? Les hommes ſe reſſemblant en tout Païs, la maniere de traiter avec eux ſemble devoir être uniforme, & l'habitude de manier des interêts particuliers facilement applicable aux intérêts publics. Rien cependant ne seroit plus faux que cette opinion, & je la regarderois dans les hommes qui se donnent à la negociation publique, comme un obstacle au succès des choses qui leur seroient confiées. Tel en effet, pour me servir d'une comparaison assez juste, quoique dans un genre opposé, seroit capable de commander un certain nombre d'hommes, qui ne le sera pas de conduire une armée. Tel esprit est facilement en proportion avec un certain nombre de combinaisons, qui ne suffira pas, ou suffira difficilement à une plus grande étenduë d'idées. Tel sera bon Général dans un Païs qu'il connoîtra, qui fera des fautes essentielles dans un autre qu'il n'aura pas étudié. Il en est de même de l'art de negocier. La conduite des affaires particulieres exi-

Comparaison sur la difference des talens dans l'art militaire.

Application de cette compa-

exige moins de connoissances que celle des affaires publiques ; la combinaison des intérêts particuliers a moins de branches, que celle des interêts publics. On connoît plus facilement les hommes de sa Nation, qui n'ont pas toujours intérêt de se cacher, que des Etrangers qui se font un principe d'être sans cesse en garde, & de ne se montrer que tels qu'ils veulent paroître.

raison à l'art de negocier.

En matiere d'affaires publiques, les hommes qui sont revêtus de l'emploi de Ministres agissent de même que deux armées en présence, qui s'observent exactement, & qui emploïent toute sorte de précautions pour n'être point surprises. Heureux quand de cet ordre de précaution, qui est raisonnable en soi, on ne va pas jusqu'au dangereux usage de se servir de ses talens pour tromper les autres, & les surprendre ! C'a été souvent l'écueil

Conduite des Negociateurs.

l'écueil de beaucoup de Negociateurs, qui ont ignoré, ou voulu ignorer qu'on peut, ſans le ſecours de la fauſſeté, ſervir bien ſon Maître & ſa Patrie.

Avantages de l'homme du monde pour la negociation.

Il eſt vrai que ſi le grand uſage du monde ne ſuffit pas pour rendre les hommes propres à la negociation publique, il leur peut au moins donner, pour y réuſſir, quelque ſorte d'avantage ſur ceux qui ne ſont pas ſortis de l'obſcurité du Cabinet, & qui doivent par conſéquent être éblouis du grand jour, lorſqu'ils commencent à repréſenter ſur le Théatre du Monde.

Il eſt naturel qu'ils ſoient ſouvent embarraſſés de la maniere de placer les démarches qui ſont partie des devoirs de la vie civile, parce qu'il ne ſuffit pas toujours de faire uſage des talens acquis par l'étude, & que la maniere d'en faire re uſage, laquelle s'apprend uniquement par la fréquentation des hommes ; contribue autant que le fonds du ſçavoir même au ſuccès des affaires.

Source de la multiplicité des talens neceſſaires à un Negociateur.

Les qualités néceſſaires à un Negociateur ſont aujourd'hui plus difficiles à réunir qu'elles ne l'étoient autrefois, parce que les intérêts réels, ou prétendus des Princes, ou plutôt les combinaiſons des mêmes intérêts, ſe ſont multipliés, pour ainſi dire, à l'infini, & que l'uſage de réſider long-tems dans un Païs ſans aucun objet de negociation eſt aſſez moderne. Une lecture attentive de l'Hiſtoire ancienne démontre cette vérité. Les Ambaſſades ou Députations n'étoient le plus ſouvent que momentanées, elles n'avoient que des objets paſſagers. On alloit ſimplement répeter une poſſeſſion uſurpée, ou demander juſtice d'une injure

Maniere de negocier des Anciens, différente de celle des Modernes.

injure reçue, ou solliciter l'alliance d'un Souverain, pour un fait actuel & présent. Il suffisoit de bien sçavoir les preuves de son droit, on les exposoit naturellement, & presque sans art. Les réponses se donnoient de même; la negociation n'avoit qu'un terme fort court. Le Ministre, ou revenoit satisfait, ou annonçoit la guerre au Prince de qui il ne recevoit pas la satisfaction qu'il avoit été chargé de demander. On negocie aujourd'hui bien différemment. Des années entieres suffisent à peine pour convenir d'une affaire souvent fort simple dans le fonds. Mille raisons bonnes ou mauvaises contribuent à en prolonger le cours, & c'est souvent en cela qu'on fait consister le talent du politique.

Si autrefois on n'avoit rien à negocier avec un autre Prince, on vivoit communément de part & d'aud'autre ſur la foi publique, ſans communication plus particuliere. Aujourd'hui c'eſt un point de politique d'avoir des Miniſtres réſidens dans les Cours mêmes où l'on n'a rien à negocier: De-là naît la néceſſité qu'un Miniſtre ait auſſi tous les talens propres à la ſocieté. Quelque ſcience qu'il ait d'ailleurs, s'il a manqué dans la partie des devoirs de la ſocieté, il reſulte du peu d'opinion & de ſatisfaction que donnent ces ſortes de fautes, des obſtacles au ſuccès des choſes qui auroient peut-être réuſſi ſi le negociateur avoit eu d'autres talens que ceux d'homme de cabinet.

Uſage qui rend les talens de la ſocieté neceſſaires à un negociateur.

Malgré ces difficultés qui naiſſent de la choſe même, il y auroit cependant autant de bons negociateurs dans notre nation que dans toute autre, ſi les peres de famille ſe donnoient la peine d'élever leurs

leurs enfans dans cette vue. Sans vouloir tomber dans une partialité que tout Ecrivain doit éviter, il est certain que notre nation produit un grand nombre de gens d'esprit, & qui joignent à beaucoup d'agrémens, une grande sagacité; mais ces talens naturels ou sont obscurcis par les défauts qui naissent de l'inapplication, ou sont appliqués à des objets totalement étrangers à la profession de negociateur. Une pratique contraire dans les autres Nations leur fait retrouver par l'étude & l'éducation, des avantages dont la nature a été du moins autant ou plus liberale envers nous.

Raisons de la rareté des sujets propres à la negociation.

Conduite des Etrangers différente de la nôtre à cet égard.

Les peres de famille ne sont point accoutumés à regarder l'état de negociateur comme un état décidé; il leur paroît trop peu stable, & trop dépendant d'une volonté étrangere: de-là vient qu'ils

Préjugé de la Nation sur l'état de negociateur.

qu'ils ne pensent point à destiner aucun de leurs enfans. Impatiens de les placer, & de les occuper, suivant l'usage, à des fonctions dont ils n'ont pas eu le tems d'apprendre l'importance & l'étendue; effraïés d'ailleurs du long apprentissage qu'exige l'art de négocier, ils lui préferent un état défini, & que la vénalité moderne de toutes les charges met à leur portée: ensorte que l'état de Négociateur semble être devenu comme la ressource de ceux qui n'aiant point de fortune, embrassent un état au hazard. Est-il étonnant que sur de semblables principes on néglige toute étude qui pourroit rendre un jeune homme propre à la négociation?

Cependant ces prétendus principes n'ont d'autre fondement que l'opinion commune; car s'il est certain, comme on l'expliquera dans la ſuite, que la négociation eſt une des parties les plus eſſentielles pour les Etats, il faut avoüer qu'y aiant aujourd'hui un uſage de négocier continuellement exiſtant, l'état d'un homme qui auroit les principales qualités convenables, ſeroit un état ſolide, & réellement déſirable. La faute en eſt donc aux hommes, & non à la choſe conſidérée en elle-même. Il eſt vrai qu'on y dépend beaucoup du goût, ou de la volonté des Supérieurs; mais il n'eſt en ce point queſtion que du plus ou du moins, parce qu'il n'y a point d'état, où l'on ſoit ſans dépendance. Et s'il y a quelques inconvéniens dans celui-ci, ces inconvéniens ſont bien compenſés par les agrémens & par les avantages qui y ſont attachés, ou qui en réſultent.

Raiſons contre ce préjugé.

Ce n'eſt point ici le langage d'une

d'une prédilection outrée pour un métier que j'avoüe qui m'est cher; c'est en Citoien que je parle. J'ai toujours regardé comme une chose préjudiciable & honteuse à ma Nation, que le défaut d'éducation, ou un injuste préjugé dans les peres de famille, nous laissent inférieurs en ce genre aux autres peuples qui nous donnent des exemples bien différens.

Objet des études des Etrangers.

Chez les Etrangers, le cours des études est plus long, & renferme par conséquent plus d'objets d'application. La connoissance de l'Histoire & celle du droit entre les hommes en font une partie principale; & quand les jeunes gens ont pris le goût du Cabinet, ou du moins qu'ils ont fourni la carrière ordinaire des études, on regarde comme un point essentiel de les retirer des préjugés de leur patrie, en les faisant voïager.

Utilité & vûes de leurs voïages.

C'est ainsi qu'ils peuvent apprendre à vivre avec les hommes, & acquérir cette flexibilité d'esprit nécessaire pour s'approcher du génie des Nations qui toutes ont leur caractère propre. Ces jeunes Etrangers, en venant dans notre Païs avec une sorte de préference, font leur éloge autant que le nôtre. Mais ces premiers voïages de curiosité ne sont, pour ainsi dire, qu'une préparation à ceux qu'ils font encore à la suite des Ambassadeurs & Ministres de leur Nation. Ils commencent alors à prendre connoissance des affaires présentes, & devenus acteurs principaux nous les voions à leur tour suivis par d'autres qui viennent se former sous leurs yeux. Les enfans de qualité ne rougissent pas d'être, ni de paroître subordonnés à un homme de moindre naissance, & l'on ne voit point regner parmi

parmi eux ce dangereux préjugé, que la naiſſance puiſſe ni doive affranchir des épreuves qui ſont l'unique moïen par lequel ſe forment les grands hommes en tout genre.

Parmi nous, on ne voit communément voïager que ceux qui ſans bien ou ſans naiſſance vont chercher fortune, ou qui chaſſés par une mauvaiſe réputation, fuïent au loin pour éviter une lumière qui les importuneroit. Cette dernière eſpèce nous fait même tort parmi les Etrangers : accoûtumés a nous juger par elle, ils peuvent ne nous pas juger favorablement.

Quels ſont ordinairement les François qui voïagent.

Ceux de notre Nation entreprennent les fonctions du Miniſtère public avec la même ſécurité que s'ils avoient fait des études qui y fuſſent propres ; ou comme s'ils avoient quelque connoiſſance des Etrangers, de leurs mœurs, de leurs principes, de leur génie.

Source des fautes qui échapent à nos jeunes Miniſtres.

Entrainés par le courant des affaires, ils n'ont pas le tems de faire d'apprentiſſage; cependant quelque précaution qu'ils puiſſent apporter, il eſt impoſſible qu'ils ne commenmencent par faire des fautes; non peut-être de ces fautes groſſières où le bon ſens ne permet pas de tomber. Mais c'eſt manquer eſſentiellement que de ne pas tirer d'une occaſion tout l'avantage dont elle eſt ſuſceptible. Or pour en tirer tout le parti qu'il ſe peut, il faut de la ſupériorité; & cette ſupériorité ne ſçauroit jamais être que le fruit de l'expérience. On n'apprend à manier & à conduire les affaires, que par l'imitation, c'eſt-à-dire, en obſervant comment les maîtres dans l'art ſe conduiſent, & en faiſant dans l'occaſion une juſte application de la méthode qu'on a vû réuſſir. Quelque libérale qu'ait été la nature à notre égard, ſa libéra-

Ce qui apprend à traiter les affaires.

béralité a besoin du secours de l'exemple ; & l'instruction que l'on en tire, jointe aux talens naturels, constitue la supériorité de ces hommes, qui, après avoir fait le bonheur de leur siécle, sont destinés à faire l'admiration de la postérité.

Cependant les qualités & les talens du Négociateur sont les principales causes qui influent sur le sort des plus grandes affaires, & qui décident des plus grands intérêts. Quand on veut, dans la vie privée, donner procuration de suivre une affaire à laquelle on ne peut vaquer par soi-même, on tâche de choisir l'homme le plus prudent, le plus fidèle, & le plus expérimenté. Jusqu'où ne doit point aller la précaution, lorsqu'il est question de choisir quelqu'un pour représenter un Souverain; quelqu'un, dis-je, dont les paro-

Comparaison sur la précaution que l'on doit aporter dans le choix des Ministres.

les ſont, pour ainſi dire, auſſi ſacrées que celles qui ſortiroient de la bouche du Souverain même.

Un Négociateur, devenant tout enſemble le dépoſitaire du ſort de ſa Patrie, & de la réputation, & de la fortune des Miniſtres de ſon Maître, ceux qui ſont à la tête du Gouvernement doivent conſacrer leurs premiers ſoins à former des ſujets qui puiſſent les ſeconder au déhors dans les fonctions d'un miniſtère pénible, où tout étant, pour ainſi dire, conjectural, il faut des génies plus profonds & plus élevés, que n'exigent les matières, qui par elles-mêmes ont des points fixes & démontrés.

Pour ſentir combien la négociation eſt importante, & peut devenir utile, il ſuffit de ſe rappeller que c'eſt elle qui prépare les grands événemens dont l'éclat fra-

frape les yeux. Si un Prince veut conserver la Paix, & pourvoir solidement à sa sûreté, il a besoin d'Alliés dont le concours imprime du respect; s'il veut faire la Guerre, il est de sa politique de s'attacher des amis, & d'en enlever à ceux contre qui il prépare ses armes; c'est l'ouvrage de la négociation, qui est aussi l'instrument de la réconciliation entre les Princes. Enfin, elle dévelope les plus grandes révolutions, elle les avance, ou les éloigne, ou les prévient. A ce tableau, il est aisé de juger si le choix des Négociateurs est indifférent, & si des hommes médiocres peuvent suffire à de si grands, & de si vastes objets. Il est vrai que souvent les plus grandes choses paroissent s'opérer en quelque façon d'elles-mêmes, ou du moins avoir des principes fort indifférens; mais quiconque voudra

Importance des objets de la négociation.

dra étudier les événemens, & rémonter jusqu'à la source, trouvera presque toujours que les bonnes ou les mauvaises qualités des hommes publics en ont été le mobile, & que quelquefois des années entières n'ont pas suffi pour réparer une faute, ou une fausse démarche. Qu'il soit donc permis à un bon citoien de sentir quelque sollicitude sur le choix de ceux qui sont chargés de quelque portion du ministère étranger.

Ce qui conduit le Négociateur à la supériorité de talens.

Un Négociateur, pour être supérieur, doit être préparé dès l'enfance à cette profession importante. Ses études, comme ses amusemens, doivent être rélatifs à ce point de vûe; il doit travailler sans cesse à se former le jugement, à s'accoûtumer de bonne heure à prendre sur chaque chose des idées nettes, & à se remplir l'esprit de principes, qui le dirigent aussi infailli-

infailliblement qu'il eſt poſſible, dans toutes les conjonctures.

Or pour être en état de ſe former ſur les exemples vivans, il faut néceſſairement avoir travaillé ſur les modéles anciens; & comme tous les Païs ont produit de grands politiques, une des premières études que l'on doive faire, pendant que le cerveau a plus de flexibilité, c'eſt l'étude des Langues étrangères. Cette étude, commencée de très-bonne heure pour les Langues faciles, donnera de l'aptitude pour celles qui par leur difficulté demandent plus de méditation, & une application plus ſuivie. Nous voions cette méthode pratiquée avec ſuccès dans preſque tous les Païs. La connoiſſance des Langues fait trouver auſſi de grands agrémens dans les voïages, & facilite beaucoup les liaiſons avec les Etrangers. Quoique notre Langue

Néceſſité d'aprendre les Langues vivantes.

Utilité de cette étude.

gue ſoit devenue en quelque façon celle de toute l'Europe, il y a cependant encore beaucoup de gens qui ne la parlent pas, ou du moins qui la parlent difficilement. D'ailleurs, il n'y a point de Peuples qui ne ſçachent gré à un Etranger d'avoir appris leur Langue. C'eſt donc un moïen de leur plaire. Or le premier pas pour réuſſir avec les hommes, eſt de ſçavoir ſe rendre agréable à leurs yeux. On acquiert aiſément la confiance de ceux dont on a ſaiſi le goût; & cette eſpèce de conquête eſt toujours ſolide, lorſqu'on ne cherche pas à abuſer du progrès que l'on a fait ſur le cœur.

L'étude des Langues ne doit être qu'un amuſement dans le cours de l'éducation; il faut même ſe former une méthode commode pour n'être pas rebuté par les épines qu'offre une étude aſſés ſéche dans

Méthode pour la connoiſſance des Langues.

dans ſes commencemens. Ainſi on ne ſçauroit trop ſe fixer à ce qui conduit à la ſimple intelligence, parce qu'au moins la lecture que l'on fait de bons Livres écrits en langues étrangères donnant du plaiſir, elle dédommage bien des difficultés par leſquelles il faut paſſer, & dont on ne peut trop adoucir le paſſage.

Etude de l'Hiſtoire.

Un autre objet plus ſérieux s'offre ici à l'inſtruction de la jeuneſſe, c'eſt la lecture de l'Hiſtoire; mais comme l'Hiſtoire, par les différens ſujets qu'elle renferme, eſt une inſtruction univerſelle, & commune pour tous les hommes, de quelqu'état qu'ils ſoient, il faut que chacun choiſiſſe ce qui lui doit, pour ainſi dire, devenir propre, & qu'il liſe dans l'eſprit de la profeſſion à laquelle il ſe deſtine.

Dans quelles vûes on doit la lire.

Rien n'eſt plus ordinaire que de lire l'Hiſtoire; tout le monde s'en s'en fait un honneur; mais on en tire peu de profit, quand on ne donne à toutes ses parties qu'une application égale, & par conséquent médiocre. On ne fait alors que satisfaire une vaine curiosité, & qu'amasser des faits qui forment souvent un assemblage mal rangé, & par conséquent peu utile. Il y a, selon l'état auquel on se destine, des parties d'Histoire plus ou moins nécessaires.

Cause ordinaire du peu de profit qu'on en tire.

Plan rélatif à cette étude.

Un jeune homme qui se destine à la négociation, peut parcourir l'Histoire Grecque & Romaine; mais il doit donner sa principale application à l'Histoire moderne dont les événemens plus connus, & plus intéressans pour nous, sont aussi plus instructifs. Il y a même dans l'ancienne Histoire beaucoup d'endroits principaux ausquels il faut s'arrêter par préference, pour méditer sur les principes des grandes

des révolutions, ſur leurs ſuites & leur dévelopement; ſur la part que le perſonnel des hommes y a pu avoir; ſur la manière dont les Princes ou leurs Miniſtres ſe ſont conduits; ſur ce que leurs réſolutions ſemblent avoir eu de bon ou de mauvais; enfin, ſur l'effet qu'elles ont produit. Il faut ſurtout dans cet examen, ſe bien garder de juger par les événemens, & obſerver de faire une continuelle & exacte combinaiſon entre les principes, & les effets de chaque choſe, afin de s'inſtruire également, & par le mal, & par le bien.

Principes pour bien juger.

Lorſqu'on arrive aux ſiécles qui ſont moins éloignés de nous, il faut encore paſſer plus legérement ſur ce qui ne forme pas une inſtruction propre au Négociateur, & s'attacher aux objets que je viens de marquer. C'eſt alors qu'on a plus beſoin d'être en garde contre les pré-

préjugés de naissance, ou plûtôt d'éducation. Comme chaque Païs a eu part aux événemens publics, il n'est que trop ordinaire en lisant, de juger bien de sa nation, & de se passionner pour elle, au préjudice des autres nations. C'est un des plus dangereux écueils pour un homme destiné à un état, où il faudroit, pour ainsi dire, n'être d'aucun Païs, & dans lequel les préjugés que l'on y porte n'ont point de petites conséquences. Un autre écueil à éviter, & qui est commun; c'est d'être toujours de l'avis de l'Auteur qu'on lit. Cela laisse dans une dangereuse inaction les opérations du jugement, & accoûtume à n'avoir, pour ainsi dire, aucun principe à soi. Or il n'y a pas d'état où il soit plus nécessaire d'avoir des principes, que l'état de Négociateur; & communément on conserve toute sa vie,

Différens écueils à éviter dans la lecture de l'Histoire.

&

& l'on porte en toutes affaires les défauts que l'on a contractés par l'éducation ou par la manière d'étudier. Ce n'est donc pas une lecture égale & universelle de l'Histoire que l'on conseille, mais un choix des livres ou des endroits qui taitent certaines grandes époques, afin d'en faire une étude particulière dans les vûes que l'on vient d'expliquer, & avec les précautions que l'on vient d'indiquer.

A la suite des ces premières lectures qui ne sont pas d'une étendue immense, il y en a d'autres qui sont du moins aussi nécessaires, & qui deviennent plus propres encore à un Négociateur. C'est celle des recueils de négociations, qui apprennent la manière dont on a suivi une grande affaire; comment les ordres du Maître ont été dictés; comment

Combien est utile la lecture des recueils de négociations.

*** ment

ment ils ont été exécutés, quelles tournures différentes une grande négociation a pris successivement, & quel changement les incidens imprévûs ont occasionné dans les instructions. On y trouve des portraits de Ministres illustres ou fameux, & l'influence que leur caractère a eu sur les affaires principales. Par-là non seulement on apprend à se conduire, mais encore à rendre compte de sa conduite, des ses démarches, de ses discours, de ce qu'on a vû & entendu, & du jugement que l'on croit en devoir porter.

Jugemens sur ces différens recueils.

Nous avons en ce genre de bons modéles que j'ai cru nécessaire d'indiquer. Le regne d'Henri quatre nous en fournit plusieurs. Le recueil des Ambassades de M. du Frêne Canaye est curieux & instructif par le grand nombre d'événemens

mens qui traverſerent ſes négociations. Le ſtile en eſt trop diffus; on ne peut le propoſer à cet égard comme un modéle; mais il y a, du reſte, beaucoup d'utilité à lire ce recueil.

Les Ambaſſades du Préſident Jeannin ſont beaucoup plus inſtructives. On y voit une ſuite d'affaires traitées avec toute la profondeur & toute l'habileté d'un homme auſſi ſçavant, & auſſi verſé qu'il l'étoit dans les matières publiques. Quelqu'un qui agiroit, & qui écriroit comme lui, ſeroit un grand homme de négociation.

L'Ambaſſade de M. d'Angoulême ſous le regne de Louis XIII. eſt écrite aſſés ſéchement, mais elle peut donner connoiſſance de pluſieurs faits importans de ce tems-là.

Les Mémoires de M. de Baſſompierpierre le peignent tel qu'il étoit, c'est-à-dire avantageux & ardent en affaires. On y voit une activité souvent outrée à lever les obstacles qu'il rencontroit ; mais on peut profiter même des défauts des autres.

Les Ambassades du Cardinal du Perron n'indiquent pas un homme très-profond, ni dont les idées fussent assés digérées, & assés concises, cependant on fera bien de le lire.

On sera pleinement satisfait par la lecture des Lettres du Cardinal d'Ossat son contemporain. On y reconnoît l'homme sage, profond, mesuré, instruit des grands principes, habile à en faire usage, décidé dans ses maximes, ferme dans son langage & occupé principalement du bonheur de sa patrie & des succès d'un Maître, dont

dont il connoissoit toute la valeur.

On n'a pas besoin de parler des Lettres de Paul de Foix, il y en a peu, mais elles sont satisfaisantes à lire.

Les mémoires & négociations de M. d'Estrade sont intéressans par la nature des affaires, par l'importance des ordres qu'il recevoit, par la manière dont il les exécutoit, & par l'élevation qui paroît dans plusieurs de ses réponses.

Indication des ouvrages de politique les plus estimés.

Il y a encore quelques livres qui sont moins directement livres de négociation, & qui sont cependant utiles à lire, comme quelques-uns des ouvrages du Chevalier Temple, le Traité de Puffendorff du droit de la nature & des gens; *Las Impresas politicas de Saavedra*, Ouvrage Espagnol, excellent pour quiconque sera capable d'une profonde méditation; le Machiavel, pourvû qu'on le liſe avec diſcernement, & qu'on ne convertiſſe pas en principes & en maximes des traits qu'il ne faut regarder que comme des opinions particulières & ſouvent portées trop loin ; les Mémoires de Montluc, ceux de M. de Sully, & de Villeroi.

On pourroit encore citer beaucoup d'autres Ouvrages, mais ceux que l'on vient d'indiquer lûs avec attention, & bien médités peuvent ſuffire ; & le goût, que l'on y contractera aiſément pour les livres de cette eſpèce, conduira indubitablement à la lecture d'autres Ouvrages, qui par la manière dont ils ſeront lûs deviendront encore une nouvelle ſource d'inſtruction.

Sur les collections rélatives aux événemens

On ne parle point des recueils de piéces qui concernent l'Hiſtoire de nos jours ; Quand même on ne ſe deſtineroit pas à la négociation

tion publique, il y auroit presque du ridicule à ne pas s'instruire de ce qui se passe sous nos yeux. Aussi ne supposera-t-on pas que personne ait besoin d'être exhorté à prendre ce genre de connoissance. Il faut l'avoir, quand ce ne seroit que pour prendre part aux conversations journalières, dont ces sortes de matières sont souvent le sujet.

de nos Jours.

C'est après ces différentes lectures, ou finies, ou très-avancées, que l'on peut avec utilité commencer à voïager dans les Païs étrangers. Mais comme il y a une manière de lire, il y en a aussi une de voïager: il ne s'agit pas de prendre une simple connoissance des lieux par lesquels on passe. Quoique ces objets de curiosité ne doivent pas être négligés, il y en a d'autres plus intéressans. L'observation continuelle des mœurs & coûtumes

Ce que l'on doit avoir principalement

 mes

en vûe dans les Voïages.

mes d'un Païs; la société des gens de mérite connus, & par leur excellence en quelque genre que ce soit; le soin d'éviter la compagnie des jeunes gens; & l'attention à chercher celle des gens d'âge & d'expérience, sont indispensables pour voïager avec fruit. En mettant dans le commerce beaucoup de sçavoir vivre, un maintien honnête, de la douceur, un désir marqué de s'instruire, une reconnoissance sensible pour ceux qui contribuent à notre instruction, on se fait désirer par les sociétés dont la fréquentation peut être utile. Enfin, les amusemens mêmes doivent être dirigés par quelque vûe d'utilité ou d'instructions, & placés de manière à remplir cet objet. C'est ainsi qu'empruntant en quelque façon ce qui se trouve de bon dans chaque Nation & dans chaque Païs, on s'ens'enrichit d'un nombre prodigieux de ces ſortes de dépouilles dont perſonne ne nous fait un crime, & dont chacun eſt bien aiſe d'avoir fait part. C'eſt un commerce auquel gagnent néceſſairement ceux qui s'y appliquent, & auquel perſonne ne perd. Heureux celui que chaque Païs pourroit regarder comme ſon éleve, & qu'aucune Nation ne rougiroit d'adopter!

En ſuivant le chemin que l'on vient de tracer, on acquérera certainement les talens & les connoiſſances qui conſtituent un bon Négociateur, dans quelque ſituation d'affaires que ce puiſſe être. C'eſt l'emploi de ces talens, & l'uſage de ces connoiſſances que l'on s'eſt propoſé de déveloper dans le cours de cet Ouvrage.

Je n'ai pas le mérite d'avoir écrit le premier ſur cette matière. Feu

M. de Callieres, Secretaire du Cabinet du Roi, & qui avoit été employé en plusieurs négociations, en donna il y a quelques années un Traité, que les Anglois & les Italiens ont traduit en leur Langue. Cet Ouvrage contenant de bonnes maximes, sembloit destiné à une autre fortune que celle qu'il a eue. Je dois même avoüer que j'y ai trouvé plusieurs réflexions utiles. Peut-être que si le stile en avoit été plus serré & plus agréable, la division mieux entendue, & que les matières eussent été plus approfondies, rélativement aux qualités du cœur & de l'esprit, le fonds qui en est bon auroit mieux réussi ; mais les meilleurs préceptes réussissent difficilement quand la manière de les donner n'est pas agréable. Aussi n'avons-nous point vû que cet Ouvrage eût augmenté dans notre nation

Sentiment sur l'Ouvrage de M. de Callieres.

tion le goût pour l'état de Négociateur, ni l'émulation pour l'étude des choſes qui y peuvent conduire. Peut-être ſerai-je plus heureux. C'eſt au moins dans cette vûe que j'ai entrepris l'Ouvrage qui paroît aujourd'hui.

Déſirs pour que l'on deſtine des ſujets à la négociation.

On terminera cette Préface, en exhortant les peres des familles dans leſquelles la Providence a placé de la nobleſſe, de la fortune & de l'illuſtration, à deſtiner à cette carrière, ceux de leurs enfans pour leſquels ils verront que la nature aura été libérale de ces dons que l'art ne donne point, & qui reſtent imparfaits sans le ſecours de l'étude. Par-là ils éleveront des ſujets utiles à leur Patrie, & ſe ſatisferont eux-mêmes, en ſe mettant en état de vivre dans les ſiécles à venir, par la mémoire des Hommes Illuſtres qui leur devront la naiſſance

&

Vœux pour être secondé dans l'objet qu'il s'est proposé.

& l'éducation. Puisse le Gouvernement, pénétré de ces vérités, travailler avec succès à faire naître & à soutenir cette émulation! C'est le plus grand service que l'on puisse rendre à sa Patrie. Un Etat est au faîte de la grandeur lorsqu'il abonde en sujets, entre lesquels on peut justement balancer dans la distribution des Emplois, & dans celle des Graces, qui sont le prix des services publics.

DE

DE L'ART DE

NÉGOCIER AVEC LES SOUVERAINS.

JE pourrois me diſpenſer de l'uſage ordinaire de commencer par définir le ſujet que l'on entreprend de traiter. Perſonne n'ignore que l'Art de négocier eſt l'Art de conduire les affaires publiques, & de les diriger vers l'objet que l'on ſe propoſe. Je ne parle point ici des Miniſtres qui chargés du ſoin du Gouvernement, envoient les ordres de leur Maître, mais de ceux qui ſont deſtinés à les exécuter dans les Païs étrangers. Ces deux branches différentes du Miniſtère public, qui forment, pour ainſi dire, un même tout,

Définition de l'Art de négocier.

tout, exigent des talens différens, & mon dessein est de parler seulement des qualités nécessaires au Ministère public dans le Païs étranger.

Tous les hommes naissent avec un genre d'esprit différent ; & quoiqu'il soit vrai, comme on l'a dit dans la Préface, que l'étude & l'usage du monde peuvent beaucoup contribuer à rendre capable du Ministère public, tout le monde n'y apporte pas en naissant une égale aptitude. L'éducation dévelope les talens, & leur donne une certaine étendue ; elle perfectionne les qualités naturelles, quelquefois même elle les tempére, mais elle ne détruit pas absolument les mauvaises, & le naturel prévaut toujours, quelque soin que l'on prenne de le contraindre.

Pour être un Négociateur parfait, il faudroit être né sans aucun défaut, soit du cœur, soit de l'esprit. Et comme cette perfection est au-dessus de l'homme, on n'expliquera ce qui sera nécessaire pour former un Négociateur parfait, qu'afin que ceux qui se détermineront à cet état, puissent d'après ce tableau juger de la distance plus ou moins grande qui les en sépareroit.

Rien

Rien ne semble plus téméraire que de se destiner à une profession aussi importante avant que de s'être examiné scrupuleusement sur les dispositions que l'on peut avoir pour en remplir tous les devoirs. Quand il ne s'agit que de ses affaires particulières, on est maître de les gouverner à son gré, & l'on n'est responsable qu'à soi-meme de ce à quoi on manque dans leur conduite ou administration; mais quand il est question du sort de la Patrie & souvent de celui de l'Europe, quel scrupule ne doit-on pas apporter dans l'examen de soi-même? S'il ne falloit se décider que par la noblesse & la fortune, on auroit en main un principe facile, & c'est d'ailleurs un point sur lequel il n'y a pas de mérite à se juger au vrai. L'examen que l'on propose est plus intéressant, & sans doute plus difficile, parce que l'amour propre qui a tant d'empire sur les hommes, y est souvent un grand obstacle. Il n'est pas aisé de lui imposer silence; souvent même on ne le veut pas. Or que peut-on espérer pour le bien public, de ces hommes qui commencent par se tromper volontairement eux-mêmes, & qui souvent n'ont d'autre raison de

Nécessité de se bien connoître avant que de se destiner à la négociation.

Cause de la difficulté de cet examen.

ſe croire quelque capacité pour la négociation, que de ne ſe pas eſtimer inférieurs à quelqu'autre qui dans le fonds n'y aura pas été propre? Rien d'ordinaire n'eſt plus dangereux que cette manière de ſe juger par comparaiſon avec ſes pareils, auſquels il n'eſt guères dans l'humanité de ſuppoſer des avantages & de la ſupériorité à ſon préjudice.

Manière dangereuſe de ſe juger.

La vraie & la plus ſûre comparaiſon eſt celle de ſoi avec la choſe même à laquelle on ſe deſtine; & c'eſt par cette raiſon que l'on croit devoir définir le Négociateur tel qu'il devroit être, avant que d'expliquer quels ſont ſes devoirs, ſes obligations & ſes fonctions; par-là on donnera un guide ſûr dans l'examen que tout homme qui ſe deſtine au Miniſtère public ſe doit à lui-même & à ſa Patrie.

Quelle eſt la meilleure.

Lorſqu'on penſe à ce Miniſtère pénible, on ne réflechit ordinairement que ſur les avantages que l'on eſpere du côté de la fortune, ſans conſidérer que la réalité de ſes eſperances dépend de la manière dont on ſe conduira, & que l'on fait par conſéquent un calcul faux, quand on ne commence pas par compter avec ſoi-même.

Er-

Erreur après tout fort commune dans tous les états de la vie, & qui fait que presque personne n'agît à coup sûr, lorsqu'il est question de se déterminer à quelque profession que ce soit.

Les qualités du cœur dans tous les états, & sur-tout dans celui de Négociateur sont les plus essentielles. Le succès du Négociateur dépendant absolument de la confiance qu'il inspire, il lui est indispensable d'avoir des sentimens de candeur, de vérité & de probité. On peut bien séduire les hommes par l'éclat des talens; mais s'ils ne sont dirigés par la probité, ils deviennent des instrumens inutiles & même dangereux. Les hommes ne se pardonnent pas d'avoir été trompés; l'amour propre en est trop humilié, & la considération du préjudice qu'on en reçoit, empêche en même-tems de pardonner à celui qui a abusé de la confiance qu'il avoit sçû inspirer. De pareilles épreuves font perdre au vrai même toute croiance, auprès de ceux à qui une fois on a présenté le mensonge sous les déhors respectables de la vérité. L'avantage

Les qualités du cœur sont nécessaires au Négociateur.

Dangers de la fausseté.

que l'on croit avoir retiré de la fausseté, n'a ni durée, ni réalité. Tout concourt à le détruire, & bien-tôt la défiance qui en résulte entre les Princes qui se sont trompés par leurs Ministres, a quelquefois les suites les plus dangereuses, ou du moins elle devient un obstacle invincible à toutes liaisons d'amitié & d'intelligence. Aussi faut-il regarder comme un ouvrage peu solide celui qui n'est que le fruit d'une finesse mal entendue; les événemens ne tardent pas à déveloper la fausseté qui l'a produit. On est persuadé qu'il n'y a plus aujourd'hui de ces Princes qui faisoient consister leur gloire à tromper habilement; mais tout homme jaloux de sa réputation ne doit rien éviter avec plus de soin que des commissions contraires à la probité. S'il n'y avoit jamais eu d'hommes faciles à se prêter à l'iniquité, il n'y auroit sans doute jamais eu de Princes qui eussent abusé de la maxime portée souvent trop loin, que pour sçavoir regner il faut sçavoir dissimuler.

Ses funestes effets.

En quoi & dans quel sens

Si la dissimulation, en matière d'affaires publiques, n'étoit que l'art du silence sur les choses qu'il est important

tant de taire, & celui de composer ses mouvemens extérieurs, pour n'être point découvert mal-à-propos & sans nécessité, on pourroit l'admettre au nombre des talens du Négociateur, parce que la vérité n'oblige point à dire tout ce que l'on sçait, ni à réveler son secret, ni à détromper quelqu'un qui nous juge mal; mais seulement à ne rien dire qui ne soit conforme à ce que l'on pense, & par conséquent à ne jamais avancer un fait qui soit faux, ni à nier un fait qui soit véritable. Sçavoir mettre à propos une barrière entre soi & les curieux, est un acte de prudence & de sagesse, mais ce n'est point mentir; il est vrai que ce genre de dissimulation, & la pratique du mensonge, ne sont séparés que par un leger intervale, & que la borne est aisée à franchir, surtout pour ceux qui attachent une idée d'honneur à sçavoir induire les autres en erreur; ou qui flattés de ce talent, sont peu scrupuleux & font même trophée de leurs succès apparens. Ce sentiment intérieur conbuit bien-tôt à l'illusion, & de ce premier pas on arrive rapidement à cette extrême fausseté, qui faisant d'un Ministre

On doit entendre que la dissimulation est permise.

Combien la pratique en est délicate pour certains caractères.

Elle dégénere ſouvent en fauſſeté.

niſtre l'objet de l'averſion & du mépris public, le rend au moins inutile aux intérêts de ſon Maître. On dit au moins, parce que l'on pourroit aller juſqu'à dire qu'il y devient dangereux. Si la vérité manque, quelque motif que ce ſoit qui en étouffe la voix, quel fonds pourra-t-on faire ſur les rélations du Miniſtre? Un menſonge eſt comme l'hydre; il reproduit ſans ceſſe des menſonges nouveaux, parce que le premier pour ſe ſoutenir ou ſe cacher, a beſoin d'un ſecond. Fauſſes images, caractè-

Suites de cet abus.

res falſifiés & méconnoiſſables, diſcours ſuppoſés, réflexions puiſées au ſein de la chimère, fauſſes eſpérances, craintes inventées, voilà ce qui forme le contenu des rélations d'un ſemblable Miniſtre. De-là des inſtructions portant à faux dans le principe, & par conſéquent dans l'exécution; réſolutions dangereuſes, partis hazardés. De-là une confuſion générale dans les affaires, un cahos d'autant plus difficile à démêler, que les menteurs ſont d'ordinaire adroits; enfin difficulté ſouvent inſurmontable, pour remédier à ce que le menſonge a gâté.

Effet de

Le moins qui puiſſe arriver perſonnellement au Ministre infidèle, est un desaveu formel qui le couvre de honte, mais qui souvent ne remédie qu'imparfaitement au mal qu'il a fait, parce que le préjugé commun est que les Princes étant à l'abri d'une certaine recherche, sont peu scrupuleux à desavouer aux yeux du public ce qu'ils ont autorisé dans le secret: ensorte que malgré le desaveu, il reste toujours des impressions fâcheuses & défavorables, qui ne s'effacent que lentement & par une suite non interrompue de preuves contraires.

l'infidélité du Ministre.

Un desaveu étant de la part de celui qui le fait une espèce de justification, & l'acte de se justifier étant peu convenable à des Princes, le plus mauvais service que l'on puisse rendre à son Maître, est de le mettre dans la nécessité d'y avoir recours, ensorte que c'est blesser sa dignité, & porter en même-tems au fonds de ses affaires un préjudice très-difficile à réparer.

Préjudice que le desaveu porte aux affaires du Maître.

Les places qui mettent en évidence ont cet inconvénient, que les hommes y paroissent tôt ou tard malgré eux tels qu'ils sont, & qu'ils ne peuvent presque rien dérober aux yeux du public, de

Inconvéniens des postes distingués.

leurs défauts intérieurs. Ils ſont examinés de trop prés & par trop d'Argus intéreſſés à les connoître, pour échaper à leurs recherches. Tel eſt, plus que dans tout autre état, le ſort de ceux qui ſe livrent au Miniſtère public : enſorte qu'ils ne peuvent s'examiner trop ſévérement, avant que d'entrer dans une carrière dans laquelle ce qu'ils ſont eſt apprécié à ſa juſte valeur, par des Juges dont les Arrêts en ce genre ont une notorieté publique, & un éclat qui décide pour toujours de la réputation. Si l'amour propre pouvoit être éclairé, les hommes porteroient juſques-là l'étude d'eux-mêmes, pour n'être point aveuglés dans le premier examen qu'ils doivent faire avant que de décider leur vocation. La vérité & la probité ſont donc les deux qualités les plus eſſentielles au ſuccès du Miniſtère public. On dit plus, elles en ſont la baſe, & tout édifice élevé ſur d'autres fondemens, ne peut ſe ſoutenir. Quiconque méme n'a que le maſque de la probité, le laiſſe bien-tôt tomber, malgré toute ſon attention, & malgré toutes ſes précautions.

Si ces deux qualités ſont néceſſaires pour

pour plaire aux hommes, il y en a d'autres encore qu'il est indispensable d'y joindre. Telles sont la modération & la modestie.

Quand les passions agissent trop vivement sur nous, leur chaleur nous rend peu propres à la societé. Une vivacité démesurée importune ceux ausquels nous avons à faire, & nous rend même peu susceptibles de conseils; elle nous conduit à l'indiscrétion, & ce défaut tient en garde, & allarme ceux qui pourroient nous confier des choses utiles. Un caractère violent & emporté nous fait haïr & craindre; on appréhende d'exciter un feu trop facile à s'allumer. On craint les incidens que le même caractère qui les fait naître legérement fait soutenir aussi avec chaleur. On évite même le commerce d'un tel homme, parce qu'on le croit dangereux, & par une suite nécessaire on ne lui accorde jamais aucune confiance. Le caractère violent n'iuflue pas seulement sur la conduite; il porte ses effets jusques sur les rélations d'un Ministre dont la plume dirigée par la passion, ne peut rien produire sur quoi l'on puisse compter.

Réflexions sur les effets d'une vivacité démesurée.

Cette

Cette chaleur conduit facilement à des mouvemens aveugles de haine ou d'amitié, qui n'étant point tempérés par la raison, font tomber dans toutes sortes d'inconvéniens, & répandent le faux sur toutes les opérations du jugement. Or rien n'est plus dangereux pour un Ministre, que cette facilité à aimer ou à haïr, & c'est un des écüeils qu'il doit éviter avec le plus de soin, parce qu'une fois séduit par ceux qui ont sçû déveloper son caractère, & qui ont trouvé le moïen d'en abuser, il ne peut faire que des faux pas, & qu'il n'est plus en état de servir son Maître. La séduction qui prend sa source dans nos propres défauts est sans remède; & le joug de cette nature quand nous l'avons subi, ne fait plus chaque jour que s'appesantir, sans qu'on en sente le poids. Comment corriger les défauts dont les effets nous flattent, puisque ces mêmes défauts ne nous permettent pas de remédier au principe?

Avantages de la modestie.

La modestie personnelle n'est point incompatible avec la dignité qu'exige le caractère représentatif; elle est d'ailleurs nécessaire pour plaire aux hommes. Tous les momens de la vie du Mi-

Miniſtre ne demandent pas cette gêne attachée à la repréſentation; il deviendroit à charge à ſoi & aux autres; & plus ſon inutilité dans une infinité d'occaſions eſt certaine, plus on ſeroit fondé à la regarder comme l'effet d'une vanité perſonnelle; vanité qui devient inſupportable, parce que tout concourt à l'accroître. Les reſpects que l'on accorde au caractère repréſentatif, ſont facilement pris par le repréſentant, pour un hommage perſonnel, & ſous le prétexte de ce même caractère, il s'accoûtume à ſupprimer beaucoup d'attentions de bienſéance, qui cependant loin de le dégrader, ne feroient que lui procurer plus de relief. C'eſt un défaut ordinaire à ceux qui commencent à exercer le Miniſtère public; ils ſe croient devenus des hommes nouveaux; ils ſe regardent comme Princes eux-mêmes; ils exigent tout, & ſe croient diſpenſés de tout; le langage eſt bien-tôt conforme aux démarches, & l'on appelle dignité ce qui au fonds n'eſt qu'orgueil & ſuffiſance. Ceux auxquels on a affaire n'ignorent pas ordinairement ce qu'ils doivent à la repréſentation; mais dans les occaſions où elle n'a pas lieu, on ne

Défaut ordinaire des nouveaux Miniſtres.

ne s'accoûtume point à réverer une Idole, & ſon Temple devient bien-tôt déſert.

Il faut, quand les circonſtances le demandent, faire rendre à ſon caractère tout ce qui lui eſt dû, & un Miniſtre doit être ferme & décidé ſur cet article, parce que la dignité du Maître y eſt directement intéreſſée. Mais à cette rigueur dont on ne peut pas ſe plaindre, doit ſe joindre ou ſuccéder de la douceur dans le langage, de l'agrément dans la ſocieté, de la prévenance dans les démarches, & de l'attention à remplir tous les devoirs de la vie civile. S'il n'y a pas obligation abſolue, ou ſi l'on eſt dans le cas de s'en pouvoir diſpenſer ſans encourir aucun blâme, la reconnoiſſance en eſt le premier fruit, & l'on retire des avantages infinis de la diſpoſition que l'on a fait naître par une ſemblable conduite.

Compatibilité des prérogatives du Miniſtre avec les égards qu'il doit à la ſocieté.

Utilité de cette conduite.

Cette modeſtie eſt même indiſpenſable dans la diſcuſſion des affaires. La manière de préſenter ſon ſentiment, la façon de contredire décident ſouvent du ſuccès. Les mêmes raiſonnemens perſuadent, qui, s'ils étoient accompagnés

Le ſuccès des affaires

pagnés d'un air de décision ou de quelque apparence de hauteur & de dureté, aigriroient les esprits, & aliéneroient les Négociateurs. Les hommes n'aiment point la contradiction, il faut leur en adoucir l'amertume, si on veut les ramener à son sentiment. Ils sont toujours flattés qu'on traite modestement avec eux; ils vont quelquefois jusqu'à vouloir être loüés sur les opinions qu'ensuite ils abandonnent souvent eux-mêmes. La meilleure objection, si elle n'est proposée avec une sorte de ménagement, déplait à coup sûr, & les plus solides raisons perdent par-là même infiniment, au lieu d'acquérir une nouvelle force.

attaché souvent à la maniere de les traiter.

Il y a bien peu d'hommes qui soient capables de la sagesse dont je parle, & l'on ne voit que trop les Négociateurs novices en croiant faire des merveilles, gâter tout par un vain étalage d'érudition, qui n'est qu'ostentation, & par une prétendue fermeté qui ne mérite que le nom d'obstination. Or comment porter ce genre de modestie dans la discussion des affaires, si on n'en contracte pas l'habitude dans le courant de la societé?

Rareté de ce talent, & ce qui peut le faire acquérir.

On

On apprend toute sa vie à être Négociateur, & plus les affaires que l'on a à discuter sont délicates & épineuses, plus elles exigent que l'apprentissage ait été suivi & réflechi.

Desintéréssement nécessaire au Négociateur.

Le desintéressement est encore une des qualités absolument nécessaires à un Négociateur. Sans cette qualité les plus grands talens n'en sont que plus dangereux, parce qu'ils deviennent des instrumens de la corruption du cœur. Tout homme occupé d'un désir excessif de fortune ou de richesse, doit renoncer à l'emploi de Négociateur. Il n'offre que trop d'objets de tentations, & les moindres transgressions en ce genre sont trop criminelles & sujettes à de trop grandes suites, pour qu'il ne faille pas porter dans une profession si importante une ame bien éprouvée & bien affermie dans les principes du desintéressement.

La première loi qu'un Négociateur doit s'imposer, est de ne vouloir de distinction & de fortune que de la main de son Souverain naturel. Quoique l'usage ait, pour ainsi dire, légitimé les graces d'un Prince étranger quand le Souverain naturel permet de les ac-

Raison contre

cep-

cepter, on l'estime contraire à la délicatesse. Il faut les avoir méritées, & avoir cherché à plaire, & c'est toujours indirectement avec quelque préjudice des intérêts, dont on est dépositaire. Quand cela ne seroit pas, le public est en droit de le croire, & comme il y a des affaires qu'on ne ne peut ni ne doit jamais déveloper aux yeux du public, on ne peut imposer silence aux soupçons par des preuves suffisantes & certaines. Mais disons plus, quelque unies que deux Cours puissent être ensemble, il y a toujours un certain nombre de choses sur lesquelles elles différent trop d'intérêts pour qu'il soit possible de ne pas opter entre l'une & l'autre. Cependant on se doit tout entier à celui que l'on représente, & l'on ne se doit en rien à celui auprès de qui l'on réside; ainsi chercher à mériter de ce dernier, c'est nécessairement manquer au premier, ou donner du moins quelque préférence au second.

l'usage établi de pouvoir recevoir des graces d'un Prince étranger.

Indépendamment de cette extrême délicatesse à laquelle on ne peut trop s'attacher, il est vrai de dire que rarement on est intéressé à moitié. Si l'at-

Preuves du fondement de cette délicatesse.

l'attrait médiocre par son objet peut tenter, l'attrait plus fort porte un coup certain, l'on résiste difficilement à un objet considérable, & la facilité à trahir pour un prix proportionné, suit ou peut suivre de prés les manquemens en apparence les plus legers.

Sagesse d'assurer des récompenses aux Ministres.

Quoiqu'il y ait réellemont des hommes vertueux, il est encore plus sage à ceux à qui il appartient de choisir les Ministres, de les mettre au-dessus de la tentation en leur procurant, ou du moins en leur assurant pour prix de leurs travaux une fortune & des distinctions proportionnées aux objets par lesquels on pourroit craindre qu'ils ne fussent tentés ou éblouïs. On ne fera point à la vertu le tort de penser qu'elle ne puisse pas prévaloir sur les objets les plus séduisans; mais ce dégré suprême de la vertu ne se connoît certainement par aucun signe extérieur, & les exemples du passé ne sont même pas ici un garant suffisant de l'avenir. Un malheureux moment triomphe de la vertu qu'on avoit cru la mieux affermie : à la vérité on peut alors ajouter des punitions publiques à celle dont le trait suit partout intérieurement celui qui

Raisons de cette précaution.

qui a de justes reproches à se faire ; mais le coup est frapé, le mal est fait, & souvent il est sans remède.

Ce n'est pas qu'il soit défendu de fonder des espérances & des idées de fortune sur le métier auquel on se destine ; mais il ne faut attendre ces avantages que comme récompense de ses bons & fidèles services, ensorte que le premier objet soit de remplir exactement ses devoirs, & que l'on remette le soin de la récompense à la justice de ses Supérieurs naturels. Ordinairement elle suit le service ; mais à suposer qu'elle manque par des circonstances malheureuses dont on n'est point responsable, il est beau de pouvoir se dire à soi-même qu'aiant le cœur pur & les mains innocentes on méritoit d'être bien traité. C'est être récompensé qu'être digne de récompense.

Objet qui rend légitimes des idées de fortune.

De qui on doit l'attendre.

Ce qui console de l'avoir manquée

D'ailleurs convenons que chaque homme se doit au service de sa Patrie, sans pouvoir à la rigueur exiger des récompenses. On naît dans un Païs, on en partage la gloire, l'éclat, la sûreté. Nous devons à ce même Païs le bien & la fortune que nos Peres nous ont laissé. Nous lui devons aussi quel-

Réflexions sur ce que chacun doit à sa Patrie

que ſervice, de quelque nature qu'il ſoit. Il eſt vrai que la bonne politique veut que l'on excite l'émulation par quelqu'objet de récompenſe ou de ſatisfaction; mais cela même n'eſt point dû dans une telle rigueur de droit, que l'on puiſſe jamais s'eſtimer quitte de tout devoir envers ſa Patrie, par la raiſon que chaque ſervice qu'on lui rendroit n'emporteroit pas ſa récompenſe particulière.

Si les hommes étoient bien pénetrés de ces grands principes, ils s'accoûtumeroient à ne point ſervir leur Patrie comme des mercénaires, & par conſéquent ils la ſerviroient avec une plus grande pureté. Toute récompenſe à part, n'eſt-ce pas un grand honneur pour un particulier d'être appellé à une portion ſi diſtinguée du ſervice public? Le ſuccès devient la ſource d'une grande ſatisfaction intérieure, d'une conſidération actuelle, & d'une réputation ineffaçable. Et ne doit-on pas regarder ces avantages comme une eſpèce de récompenſe? En effet il eſt bien rare que des enfans qui ne dégénerent point ne recüeillent pas les fruits de la réputation & de la mémoire de leurs Peres. Banniſſons donc tou-

Sur l'eſprit d'intérêt.

Ce qui peut tenir lieu de récompenſes.

toute maxime ou tout ſentiment contraire que le vil eſprit d'intérêt pourroit tenter d'établir. Ces ſortes de maximes ſont la perte d'un Etat, & le préſage le plus aſſûré de ſa ruine prochaine. Ne recherchons aucunes graces étrangères, n'en eſperons que de nos Souverains naturels, ne les demandons qu'aprés les avoir méritées, reſſentons une noble reconnoiſſance de celles que nous obtenons, mais gardons-nous de murmurer des refus que nous eſſuions; les bienfaits des Souverains ſont libres.

Combien le ſecret eſt néceſſaire pour le ſuccès des affaires.

L'obſervation du ſecret a de tout tems été eſtimée, comme elle eſt en effet, l'ame des grandes affaires, parce qu'il n'y a aucune ſorte de projet que l'on puiſſe former, dont quelque Puiſſance n'ait intérêt d'empêcher ou de ſuſpendre l'exécution. La connoiſſance du ſecret lui, en fournit les moïens, ou lui laiſſe le tems d'en chercher, enſorte que quiconque manque au ſecret, détruit ſon oüvrage en même tems qu'il l'édifie: auſſi les grands Miniſtres ont-ils toujours eu pour maxime de n'avoir point de confidens, lorſqu'ils pouvoient s'en paſſer, & de ne les multiplier que le moins qu'il étoit possible. L'habitude du secret est donc une qualité absolument nécessaire à un Ministre ; je dis l'habitude, parce qu'on ne devient pas en un moment capable du secret, & qu'on ne sçait se taire sur les grandes choses, que quand on a apris à s'observer sur les moindres. Pour y parvenir, on doit se mettre de bonne heure dans la tête ce principe, qu'il ne faut jamais parler sans nécessité, ou sans convenance, & que les choses qu'on regarde comme absolument indifférentes, ne peuvent le plus souvent être dites sans quelqu'inconvénient.

Pourquoi il faut en avoir l'habitude.

On est le maître de divulguer un secret qui n'intéresse que soi ; si l'on fait mal, au moins on a été libre à cet égard, & l'on n'est responsable qu'à soi ; c'est pour ainsi dire, son bien dont on use à son gré, & l'on est assez puni ordinairement par les inconvéniens de son indiscrétion ; mais en matières publiques, le secret qui nous est confié n'est point à nous, c'est un dépôt qui doit sans cesse être sacré à nos yeux ; c'est un bien dont nous ne pouvons faire usage qu'avec la permission du Maître ; & plus il est précieux par l'objet même du secret, plus nous

nous devons être attentifs à ne le point compromettre. C'est même souvent manquer au secret que de laisser connoître après coup qu'on en a été dépositaire. Les Princes ont quelquefois autant de raison d'Etat de cacher leurs véritables confidens, que leur secret même.

Jusqu'où l'on doit porter le scrupule sur le secret de son Maître.

Or on manque au secret par des principes plus repréhensibles, s'il se pouvoit, que l'indiscrétion même. Communément on ne dit pas son secret par le seul plaisir de le dire, quoiqu'un mouvement de vanité & l'envie de paroître instruit, ne rompent quelquefois que trop facilement les liens de notre langue. Plus ordinairement c'est l'esprit de legéreté, ou quelqu'intérêt particulier qui font manquer au secret. Dans ces deux cas, on est incapable du Ministère public; dans le premier, parce que tout Ministre doit peser ses paroles & leur juste valeur avec la même attention qu'il donne aux paroles qu'il entend; & dans le second, parce qu'il est infidèle à son devoir, & qu'il sacrifie à ses avantages particuliers un bien qui, comme on l'a dit, ne lui appartient point.

Différentes causes de l'indiscrétion.

Bornes que l'on doit mettre au secret.

Il y a pourtant un juste milieu entre l'exacte observation du secret, & une réserve outrée qui conduit à faire des mystères déplacés & inutiles; ce dernier défaut qui suppose peu de discernement, & un jugement foible, est commun parmi ceux qui n'ayant point l'usage des affaires, craindroient de passer pour les auteurs de la nouvelle la plus indifférente, & n'ôseroient, pour ainsi dire pas, à midi avoüer qu'il est jour dans leur Païs. Or c'est n'être pas capable du secret, que de ne pas sentir la valeur de chacun de ceux dont on est dépositaire.

Mauvais effet d'une réserve outrée.

Ce ridicule mystère déplait à ceux avec lesquels on vit; il rend même un Ministre inutile à son Maître, car il ne parvient à être instruit, qu'autant qu'il met du sien dans la Societé. A la bonne heure, s'il sçait en semant peu, semer assez à propos, pour recüeillir beaucoup. C'est-là que peuvent paroître son intelligence & sa dextérité. Il arrive d'ordinaire que ces sortes de mystérieux n'en sont que plus avides de nouvelles, & par-là même, comme on les connoît, ils sont aussi plus exposés à s'entendre faire de fausses

con-

confidences qu'ils prennent pour véritables, & avec lesquelles, eux-mêmes étant dans la bonne foi, ils tromperoient leur Maître, s'il n'étoit pas d'ailleurs plus sûrement instruit.

Difficulté de saisir le juste milieu.

Cependant ce juste milieu dont on vient de parler, n'est pas aisé à saisir; & même avec beaucoup d'esprit un Négociateur novice y est embarrassé dans les commencemens. Mais il est important qu'il se fasse une première loi d'etre exact observateur du secret. La réputation de discrétion peut seule inspirer de la confiance à ceux avec qui on traite. On peut bien profiter de la révelation d'un secret, & s'en applaudir; mais on méprise celui qui le révele par legéreté, & l'on déteste celui qui le trahit par infidélité ou par intérêt. Or indépendamment de toute autre considération, il y a beaucoup d'avantage à avoir l'estime de ceux avec qui on négocie, plus encore quand on la doit aux qualités du cœur, parce que souvent on se fait trop craindre par l'estime qui n'est donnée qu'aux talens & aux qualités de l'esprit. C'est aussi, comme on le verra dans la suite, un inconvénient que tout Négocia-

Avantages des qualités du cœur sur celles de l'esprit.

ciateur doit éviter avec ſoin; ſa ſupériorité, ſi elle eſt trop connue, eſt ſouvent un grand obſtacle aux affaires.

L'importance du ſecret emporte la néceſſité d'une grande pureté dans les mœurs. Ainſi la ſobrieté & la continence ſont encore deux vertus néceſſaires au Négociateur. On fait abſtraction ici de ce que l'homme Chrétien doit à ſa Religion, & l'on ne traite cet article que rélativement à l'état d'homme public.

Si la nature des affaires dont l'homme public eſt chargé exige l'uſage de toute la réflexion dont il eſt capable, c'eſt une ſuite néceſſaire qu'il péche eſſentiellement contre ſes devoirs, lorſqu'il tombe dans quelque acte d'intempérance. Dire que l'on eſt également sûr de ſon ſecret dans tous les états, c'eſt alléguer une frivole excuſe. La raiſon obſcurcie ne peut ſentir ce qui lui manque dans les momens d'excès, ni arrêter préciſément au point qui en précéde la perte entière, & par malheur nous ne pouvons avoir dans ce qui nous environne preſqu'aucun Juge infaillible de ce que nous perdons alors.

Effets dange-

Souvent ſi l'on refléchiſſoit de ſang froid

à

à ce qui a échapé dans la chaleur du vin, on se reprocheroit bien des choses ou dites mal-à-propos, ou dont le dérangement de la raison a empeché de faire usage.

reux de l'intempérance.

L'habitude de soutenir la fermentation du vin, toute déteſtable, & toute dangereuse qu'elle eſt, a été autrefois encore plus qu'aujourd'hui une chose utile dans les Négociations. Selon les différentes coûtumes des différens Païs, elle eſt plus ou moins nécessaire; mais tous les tempéramens n'y suffisent pas également. Il faut que ceux à qui la nature ou l'habitude n'ont pas donné cette malheureuse & ruineuse ressource, sçachent user de ſtratagême, pour conserver au moins quelqu'avantage sur ceux qui se livrent à l'excés; c'eſt la seule supercherie que l'on permette au Miniſtre public, parce qu'il n'a nulle obligation réelle de se livrer comme les autres, & que servant mieux son Maître en conservant toujours sa raison, il satisfait à son devoir principal. Il seroit cependant à souhaiter que l'abus qui regne encore sur cela en beaucoup de Païs, s'abolît successivement, & que suivant par-

Usage de la table.

Nécessité de s'y livrer dans de certains Païs.

Parti qu'il eſt permis d'en tirer.

Abolition de cet abus.

bien désirable.

partout l'usage de la sobrieté, on se fit un principe de combattre toujours à armes égales. Quel honneur retire-t-on d'avoir trompé un homme hors d'état de connoître les piéges qu'on lui tend? Et peut-on se féliciter des succés qu'on ne doit qu'à un tempérament plus fort & plus familiarisé avec la débauche. Esperons qu'à mesure que les mœurs s'épureront, on bannira ce reste d'excès, qui y est si contraire, & que cette force de tempérament ne sera plus nécessaire pour remplir tous les devoirs d'homme public.

Si entre deux vices aussi blâmables que ceux dont on parle ici, il pouvoit y avoir du plus ou du moins, on craindroit encore plus pour le Ministre public l'incontinence, surtout si elle étoit fondée sur un attachement de cœur. Qu'un homme, en quelqu'état que ce soit, ait un moment de foiblesse ou d'amusement, on sçait assez quels principes sont attaqués. Mais pour un homme chargé d'un Ministère public, tout engagement de cœur est extrêmement dangereux: non qu'il ne puisse y avoir & qu'il n'y ait eu en effet des hommes capables de donner beaucoup

Danger d'un engage.

coup à la tendreſſe, ſans trahir leurs devoirs ; mais les exemples contraires ſont trop communs, & le danger eſt en ſoi trop évident, pour ne pas avertir le Négociateur, qu'il doit conſerver ſon cœur libre de tout attachement. On n'engage point ſon cœur ſans chercher à plaire à l'objet que l'on aime. Si malheureuſement une indiſcrétion ou une infidélité eſt demandée comme le prix d'un retour déſiré, peut-on ſe répondre que l'on réſiſtera à une ſollicitation à laquelle le cœur nous conſeille de céder, & dans un moment dont l'yvreſſe fait taire toutes les réflexions que la raiſon peut ſuggérer ? En général une confidence reſte rarement dans les premières mains par leſquelles elle paſſe, mais jamais elle n'en demeure-là quand elle eſt ſollicitée par quelqu'intérêt particulier, ou par une ſuite de ſuggeſtion. Or cet intérêt a bientôt lieu, lorſqu'on ſçait à qui un Miniſtre a donné ſon cœur. On oublie que le plus grand ennemi qu'on ait eſt ce qu'on aime le plus. Les premières confidences ont encore cela de dangereux, que ceux à qui on les a faites les regardent comme un titre pour en exiger de nouvelles. On croit

ment de cœur.

A quoi mene une pre-

croit tout perdre, si on est soupçonné de n'avoir qu'une demi-confiance, & l'on s'engage insensiblement de manière que tout est sacrifié, pour ne pas perdre le prix d'une première indiscrétion.

mière confidences.

On finira cette partie par quelques réflexions sur la libéralité. C'est une qualité du cœur nécessaire au Ministre, mais qui doit être guidée par le jugement, pour ne point dégénerer en une profusion ridicule & inutile. La pratique de la libéralité n'intéresse pas seulement la dignité du Ministre, elle intéresse encore le service du Maître. L'avarice empêche de multiplier les rélations, & par conséquent les occasions familières de s'instruire en se communiquant. Elle empêche aussi de donner à propos des récompenses & des marques de satisfaction à ceux de qui l'on tire des services, & qui sont susceptibles de récompense. Le Ministre trop œconome ne propose point à son Maître des actions de libéralité, & par-là il fait retomber sur le Maître une réputation qui ne devroit cependant être personnelle qu'au représentant. La profusion a de même ses inconvéniens; on est facilement trompé par

Réflexions sur la libéralité.

Inconvéniens de l'avarice

Ceux de la profuſion.

par ceux qui veulent abuſer d'un pareil caractère, & la profuſion eſt preſque toujours un acte de vanité, dont on ne tire aucun avantage, parce que les effets en ſont mal placés, & que le public en fait un ſujet de dériſion. Un Miniſtre ſage doit chercher un juſte milieu entre ces deux extrémités. L'une & l'autre nuiroient à ſes ſuccès.

Qualités du cœur ſuffiſantes pour le commerce du Monde.

Les qualités du cœur peuvent, à la rigueur, ſuffire dans le commerce ordinaire de la vie; on n'y exige point une certaine étendue d'eſprit & de connoiſſances; à la bonne heure que par le génie naturel & par les connoiſſances acquiſes, on ſoit en état de répandre de l'agrément & de l'inſtruction dans la ſocieté, mais on s'eſtime encore heureux quand on trouve quelqu'un parfaitement honnête homme, & commode dans l'uſage de la vie, par l'égalité & la douceur de ſon caractère. Les gens ſenſés le préfereront même à quelqu'un qui aura de l'eſprit, pour ainſi dire, aux dépens du cœur, parce que rien n'eſt ſi dangereux que l'eſprit, lorſqu'il eſt guidé par un cœur corrompu. C'eſt le

cœur

cœur qui fait faire un bon ou un mauvais uſage de l'eſprit.

Connoiſſances néceſſaires en affaires.

Dans la ſocieté d'affaires, il faut plus que les qualités du cœur, les affaires exigent ces lumières naturelles & ces connoiſſances acquiſes, ſans leſquelles avec les meilleures intentions du monde, & les qualités d'ailleurs les plus reſpectables, un Miniſtre ſerviroit mal ſon Maître. L'eſprit eſt de tous les Païs : & de-là la néceſſité de n'envoyer jamais que des hommes qui puiſſent au moins combattre à armes égales.

Définition de la ſagacité.

La ſagacité ou la pénétration eſt une des plus eſſentielles qualités; c'eſt un don de la nature à la vérité, mais que l'étude & l'uſage des réflexions augmentent & perfectionnent. L'habitude du travail dévelope les idées & accoûtume l'eſprit à la facilité, & à la multiplication des combinaiſons.

Combien ce talent eſt néceſſaire au Négociateur. Détail de ſes effets.

Sans ce talent un Miniſtre eſt peu capable de ſentir la fineſſe de certains diſcours qu'on lui tient ſouvent avec art, de déveloper l'étendue d'une propoſition qu'on lui fait, de découvrir le but d'un projet qu'on préſente

à

à ses yeux, de tirer du fonds même d'une affaire les moïens de la faire réussir, de réfuter des raisonnemens captieux, d'imaginer des réponses solides ou frapantes, de connoître le caractère ou le génie de ceux avec qui il traite; de fixer lui-même les propositions qu'il doit faire, de rédiger les écrits qu'il a à remettre, de distinguer une fausse confidence d'avec une vraie, de démêler les vûes qui font agir auprès de lui, de donner aux avis qu'on lui communique une juste apréciation, & le dégré de croiance proportionné à la valeur de chacun; de bien connoître les intérêts de la Cour avec laquelle il traite; enfin de bien comprendre le véritable sens des ordres qu'il reçoit de la Cour qu'il sert.

Or il n'y a pas un moment du Ministère public qui n'ait pour objet quelqu'une de ces opérations que l'on vient de détailler, & souvent plusieurs ensemble. Et comme chacune en particulier exige un certain nombre de combinaisons, il n'est pas douteux qu'elles ne se peuvent faire sans le secours de la pénétration.

Ce qui doit accompagner la pénétration.

Mais la pénétration ne suffit pas seule pour ces différens genres d'opérations, elle a quelquefois besoin d'un frein qui la retienne, il faut qu'elle soit guidée par le bon sens & par un profond jugement. Or ces deux qualités se nuisent souvent, ou pour mieux dire, il est rare qu'elles se rencontrent ensemble dans un certain dégré d'égalité. Un homme né avec une grande vivacité d'esprit est facilement séduit par son propre talent, & enyvré par les applaudissemens qu'il reçoit, parce que l'on plait presque sûrement, quand on se livre à tout l'effort d'une imagination vive. Ceux qui sont nés de la sorte ont un plus grand besoin de l'étude pour tempérer un feu trop ardent, & pour donner à l'esprit des points fixes, qui lui sont nécessaires pour ne point passer le but.

Effets du défaut de sagacité.

Il arrive au contraire qu'un homme à qui la nature a donné peu d'imagination se renferme plus en lui-même, & ne sort point d'un certain cercle toujours trop étroit. Les hommes de cette espèce refléchissent profondément sur une idée qui leur est présentée,

tée, ils la peuvent voir dans toutes ſes faces différentes, mais leur examen ne leur fait pas tirer de nouvelles idées de celles qu'ils méditent; ils forment leur jugement, mais ils ne font point de combinaiſons ſur ce qui peut être étranger à l'objet particulier dont ils ſont frapés; ils opérent ſur ce qui leur eſt préſenté, mais ils n'imaginent rien de neuf. Or ce genre d'eſprit à auſſi ſes inconvéniens, & il ſeroit à ſouhaiter que l'on pût ſe connoître aſſez tôt pour y remédier de bonne heure, au moins en partie, par le choix des lectures & des converſations propres à donner du feu & de l'étendue à l'imagination.

Le Jugement préferable à la vivacité.

Il faut cependant convenir que dans la plus grande partie des affaires de politique, cette lenteur des opérations de l'eſprit, s'il falloit néceſſairement opter, ſeroit moins dangereuſe que l'extrême vivacité dont on vient de parler, qui ne ſeroit point retenue par le diſcernement.

Sans le ſecours du jugement, la vivacité d'eſprit conduit néceſſairement, tôt ou tard à quelqu'écueil où l'on briſe. Car il ne faut pas toujours paroître entendre ce que l'on comprend le mieux, ni vouloir dire tout ce que l'imagination suggére sur une affaire, ni s'abandonner à l'attrait séduisant de la parole; il ne suffit pas de bien dire ce qui se présente à l'esprit, ni d'écrire supérieurement ce que l'on veut coucher sur le papier; il faut n'agir qu'à propos, sçavoir résister quand cela convient, à la tentation de parler ou d'écrire, distinguer les momens & les situations dont on peut esperer plus de succès, placer ses démarches de manière qu'elles aient toujours leur objet d'utilité, & qu'elles ne puissent être sujettes à aucun inconvénient; écouter avec discernement & parler avec justesse. Telles sont les opérations du jugement, qui ne peut nous tromper que dans les cas où nous errerions dans les faits. Ainsi la pénétration doit s'emploier à les bien déveloper dans leurs principes & dans leurs circonstances; & le jugement doit nous servir à n'agir & ne raisonner que conséquemment. Le ministère de l'un & de l'autre ne doit jamais être séparé, il faut qu'ils agissent conjointement, que la pénétration soit le flambeau du jugement, & que le jugement travail-le

Détail de ses opérations.

Nécessité d'allier le jugement avec la pénétration.

le ſur la matière que la pénétration a dévelopée, ſans quoi l'on paſſe trop le but, ou l'on en reſte trop loin, & de l'un comme de l'autre il réſulte un dommage conſidérable aux intérêts du Prince que l'on ſert.

C'eſt ce concours du jugement qui conſtitue l'homme ſage & prudent, parce que la prudence conſiſte à ne rien faire qu'à propos, & aprés avoir mûrement peſé le pour & le contre.

Or quelque bien inſtruit qu'un Miniſtre puiſſe être, il y a une infinité d'occaſions dans leſquelles il eſt obligé de prendre ſur lui, ſurtout quand le lieu de ſa miſſion eſt éloigné de celui d'où doivent émaner ſes ordres. Les inſtructions qu'on envoie à un Miniſtre ſont dreſsées ſur les connoiſſances que l'on puiſe dans ſes rélations. Dans un court intervale, les circonſtances changent ſouvent beaucoup. Si le Miniſtre ne ſçait pas bien diſtinguer l'eſprit qui a dicté ſes inſtructions, il les exécutera mal-à-propos, quoique bonnes en elles-mêmes, rélativement aux circonſtances dans leſquelles elles ont été dreſſées; il ne ſçaura pas ſupprimer dans leur exécution ce que le changement

Circonſtances qui rendent ce concours néceſſaire.

des circonſtances rend inutile ou dangereux, ni y ſupléer dans le même eſprit, ni juger s'il doit prendre le tems de demander & de recevoir de nouveaux ordres. Quelquefois ces ſortes de circonſtances ſont extrêmement embarraſſantes, parce qu'avec beaucoup de ſoin pour ne ſe pas méprendre on peut ne pas adreſſer juſte. Auſſi eſt-il de la ſageſſe de ceux qui dreſſent les ordres, de prévoir autant qu'il eſt poſſible tous les différens cas, comme il eſt de la prudence de celui qui les exécute de ne rien prendre ſur lui ſans néceſſité, mais ſeulement quand il ne peut pas faire autrement.

Attention que doit avoir le Miniſtre pour les prévoir.

Combien il eſt important à un Miniſtre d'être patient & courageux.

La patience & le courage pourroient à la rigueur être regardés comme des qualités du cœur, cependant l'eſprit a tant de part à leur uſage, que l'on croit les pouvoir conſidérer ici comme des opérations de l'eſprit. D'ailleurs il faut convenir, par exemple, ſur le courage, qu'il y a celui du cœur & celui de l'eſprit, & que c'eſt de ce dernier qu'il doit principalement être queſtion. C'eſt ce qui a déterminé à ne placer que dans cet endroit ce que l'on s'eſt propoſé de dire ſur ſon uſage

&

& sur ses effets. Un Ministre doit donc être patient & courageux. Les affaires ne se manient pas toujours comme on voudroit, elles ont plus ou moins de difficultés en elles-mêmes, & quelquefois il s'y forme des obstacles imprévûs. L'impatience découvre avant le temps l'intérêt qu'on a à faire réussir une affaire. En se rendant trop pressant, on inspire de la défiance & du soupçon, où souvent il n'y auroit pas matière à en avoir. On se rend fatigant; ceux à qui l'on a affaire se regardent comme persécutés, on leur déplait, on les gêne, & communément on n'en avance pas davantage: si pourtant on ne recule pas. L'impatience même intérieure, à supposer qu'on soit assés maître de soi pour ne la pas montrer au déhors, diminue la présence d'esprit, & rend moins capable de suivre avec succès l'affaire dont on est chargé. Il y a bien peu d'occasions où il faille vouloir, pour ainsi dire, brusquer une affaire & l'emporter; & dans ces cas-là il faut bien de l'art pour déguiser ses véritables motifs.

L'impatience nuisible au bien des affaires.

En ne négligeant rien de ce qui peut

faire réussir une affaire, il faut voir de sang froid les obstacles qui s'y préparent, se roidir contre ceux qui naissent quelquefois à chaque pas : heureux quand on les peut prévenir ; ne jamais se décourager ; être content de soi lorsqu'on a fait tout ce qui est dans l'humanité ; & surtout ne jamais conserver d'humeur ni de prévention contre ceux qui ont pu susciter les obstacles, & qui souvent n'ont fait que ce que nous aurions fait nous-mêmes, si nous avions été à leur place. Ce qui ne réussit pas dans un tems, réussit quelquefois sans peine dans un autre. Il faut que la patience attende les momens, que l'activité les avance, & que l'habileté en fasse profiter.

Le courage d'esprit est encore nécessaire dans les occasions tristes, où l'on est chargé de quelque commission desagréable, comme cela arrive souvent. Il est permis d'en être affligé, & même de laisser voir qu'on l'est personnellement ; mais il n'en faut pas moins exécuter avec ce courage d'esprit dont je parle, pour pouvoir le faire avec une certaine dignité, que l'on peut toujours allier avec la bienséance.

La

La patience ne doit cependant point conduire à l'indolence ; cela eſt aſſez ordinaire, & l'on confond aiſément par les actes extérieurs cette vertu & ce défaut. Un Miniſtre doit être dans une continuelle activité d'eſprit ; il ne doit jamais un moment perdre ſon objet de vûe ; ſans ceſſe occupé des moïens qui le peuvent faire réuſſir, ingénieux à imaginer des expédiens, facile à ſe prêter à toutes les ſituations, il ne doit être en repos qu'extérieurement : mais cette activité intérieure doit même avoir ſes bornes ; il ne faut pas qu'elle dégénere en tourment. Rien n'eſt ſi commun que l'inquiétude d'eſprit. Il y a des gens toujours agités qui s'imaginent n'en avoir jamais aſſés fait, qui ſe recherchent continuellement, qui creuſent leur imagination pour rien, qui ne croient jamais être dans le vrai chemin. Ce n'eſt point-là ce que l'on doit appeller activité ; c'eſt un défaut de connoiſſance & de principes, & un manque de jugement qui fait qu'on ne s'arrête point où il convient pour le bien de l'affaire ; car c'eſt le jugement qui dirige ſouverainement l'uſage de toutes les qualités de l'eſprit,

Ne point confondre la patience avec l'indolence.

Inquiétude d'eſprit que l'on met ſouvent à la place de l'activité.

l'esprit, & qui fixe la mesure de ses opérations.

Sur la souplesse & la fermeté.

Le jugement doit guider par conséquent deux autres qualités qui semblent contradictoires, & qui doivent pourtant s'allier dans la personne du Ministre, c'est-à-dire, la souplesse & la fermeté.

L'art de se prêter à ceux avec qui l'on traite, de paroître céder sur certaines choses, d'entrer dans certains tempéramens, ne doit point dégénerer en une ridicule facilité qui fasse perdre de vûe l'objet que l'on veut suivre, ou qui fasse manquer l'essentiel d'une affaire. L'envie de plaire doit avoir ses bornes, & quand le bien du service l'exige, il faut sçavoir être ferme & inébranlable, & ne se laisser entamer par quoique ce puisse être au monde. Quand on a, comme il le faut supposer, de bonnes & de solides raisons, & qu'on sçait être ferme sans dureté & sans aigreur, ceux avec qui nous avons à traiter ne nous en sçavent pas mauvais gré; ils sentent que nous faisons ce que nous devons; ils feroient même peu d'estime de nous, s'ils nous voioient

Quel usage l'on doit faire de ces deux qualités

Occasions où l'on ne peut qu'approu-

voioient céder, quand nous aurions évidemment raison, parce qu'ils seroient en droit de nous supposer des motifs personnels, dont le soupçon seroit assûrément peu honorable.

ver la fermeté d'un Ministre.

Cette fermeté est surtout nécessaire dans les occasions qui intéressent la dignité de la Couronne, ou du Souverain que l'on représente. La dextérité doit s'emploier à prévenir les incidens autant qu'on le peut, sans mettre son droit en compromis. Lorsqu'ils sont inévitables, c'est alors que l'on doit agir avec fermeté, mais avec une fermeté sagement conduite : ensorte que l'on ne nous puisse rien reprocher sur les procedés personnels, tant que l'on ne porte pas les choses à l'extrême, sans pour cela cesser de soutenir le fond du droit avec affirmation, & d'une manière qui fasse connoître que rien ne peut faire céder,

Application de la regie précédente.

Tel est par exemple le cas de la préséance que l'usage a établie entre les différentes Puissances, & sur laquelle on ne doit jamais admettre aucun tempérament. Ce relief est souvent aux yeux du public plus précieux à conserver qu'un avantage réel de posses-

poſſeſſion ; ainſi il ne faut pas craindre d'expoſer l'un au hazard, pour ſoutenir l'autre. On ne parle pas ici d'une prétention imaginaire, ou ſeulement vraiſemblable, mais d'un droit acquis, & dont l'uſage ancien faſſe le titre. Il ſeroit auſſi honteux au Miniſtre, qui auroit un pareil droit à ſoutenir, de l'abandonner, qu'il ſeroit répréhenſible de vouloir convertir en droit une ſimple prétention ; & il n'eſt pas douteux que dans l'un & l'autre cas le Miniſtre devroit être deſavoüé & châtié de ce qu'il auroit fait qui auroit compromis ſon Maître. La lecture de l'Hiſtoire nous apprend combien on a été attentif en tout tems à ce qui pouvoit intéreſſer la repréſentation des Souverains.

Facilité de s'exprimer

Quand on conçoit aiſément, & que les idées s'arrangent avec netteté dans l'eſprit, il eſt impoſſible que l'on ne parle pas avec facilité. Cette facilité eſt une partie bien utile au Négociateur, elle fait que ſes penſées ſe dévelopent mieux & d'une manière plus commode pour ceux avec qui l'on traite. Les choſes qui paroiſſent moins étudiées & moins méditées inſpirent natu-

naturellement la confiance & trouvent une créance plus facile. Il ne faut pas que cette facilité naiſſe de la préſomption ou de la legéreté. Ce ſeroit alors un défaut dangereux, au lieu d'être une qualité avantageuſe; elle doit avoir pour principe une conception vive & un uſage de combiner promptement, enſorte cependant que celui qui s'explique aiſément ne perde rien du côté de la réflexion. Cette facilité n'eſt donc pas de l'eſpèce des choſes qui peuvent s'acquérir promptement, c'eſt un fruit qui a ſon tems de maturité plus ou moins avancé, & que même certains génies ne peuvent jamais produire.

Sur quoi elle doit être fondée.

Elle dépend encore beaucoup d'une parfaite connoiſſance de la langue dans laquelle on traite. Et ſouvent on ne connoît pas la ſienne propre. La valeur des mots, l'art de les placer ſont deux points d'étude auxquels on ne s'applique pas aſſés. Il eſt vrai cependant que la même penſée rendue différemment fait auſſi des impreſſions différentes. Or le ſimple uſage de parler ſa langue naturelle même correctement ne ſuffit pas pour ſentir cette

Néceſſité de ſçavoir parfaitement la langue dans laquelle on traite.

te différence & cette délicateſſe, qui ne peuvent être que le fruit d'une application ſuivie à connoître toute la force & le véritable ſens des mots.

Preuves de cette vérité.

S'il eſt important à un Négociateur de bien poſſéder ſa langue, il ne doit pas moins bien ſçavoir celle dans laquelle on lui parle. Sans cette connoiſſance, il ne jugera qu'imparfaitement de la force de ce qu'on lui dira, il ne diſtinguera pas certaines fineſſes; le ſens juſte & précis de certaines choſes lui échapera; il héſitera à répondre, ou pourra ne pas répondre à propos & convenablement; & c'eſt une des raiſons pour leſquelles on a demandé dans la Préface à ceux qui ſe deſtinent à la Négociation, de bien apprendre les langues vivantes, de profiter de l'âge auquel les reſſorts de la mémoire ſont plus flexibles, pour en porter la connoiſſance à une plus grande perfection.

Avantage des graces perſonnelles.

Les graces perſonnelles qu'on n'eſt cependant pas maître de ſe donner, ſont encore à déſirer dans un homme deſtiné à la Négociation. Les hommes ſe prennent ſouvent par l'extérieur, & c'eſt par-là qu'ils jugent d'ad'abord, avant que la connoiſſance de l'intérieur les mette en état de porter leur jugement ſur les qualités du fonds. On peut donc beaucoup gagner par l'extérieur ; un viſage ouvert, un regard doux, une taille avantageuſe, un air de nobleſſe & de dignité, des graces dans la manière de ſe préſenter, de l'agrément dans le langage, du ſçavoir vivre, ſont des choſes qui préviennent favorablement.

Sur le malheur des gens maltraités par la nature.

Ce n'eſt pourtant pas une règle infaillible. Il y a des gens qui avec des défauts de conformation ont une belle ame, & à qui l'on feroit injuſtice, ſi on les jugeoit par l'extérieur. Ceux-là ſont malheureux en ce que du premier abord ils ne préviennent pas en leur faveur, & que même à la longue ils ne gagnent qu'avec les connoiſſeurs. Or le nombre en eſt petit, quoique tout le monde prétende l'être ou veuille le paroître.

A mérite égal on doit préferer les perſonnes d'un ex-

Dans le cas d'option, il n'eſt pas difficile de choiſir, & il n'y a même pas à balancer ; mais, à mérite égal, on doit donner quelque préference à ceux que la nature a doüés des avantages extérieurs. A parler ſenſément, &

térieur agréable. & à ne considérer la chose qu'en elle-même, ces avantages ne devroient être comptés pour rien, mais il faut quelquefois se prêter aux caprices & aux foiblesses des hommes, parce qu'on est obligé de vivre avec eux, & que l'on tenteroit vainement de les corriger. Or l'objet du Négociateur étant de plaire, il faut qu'il tâche de rassembler tout ce qui peut le plus sûrement produire cet effet, & c'est une des grandes attentions qu'il semble que doivent avoir ceux qui sont chargés du soin de choisir les Négociateurs.

Mais pour réussir parfaitement dans ce choix, il y a encore bien d'autres considérations à faire.

Si un seul homme pouvoit rassembler toutes les qualités du cœur & de l'esprit, & les avantages extérieurs dont on vient de parler, il seroit propre pour tout Païs, & pour tout genre d'affaires; mais, comme on l'a déjà dit, il ne faut point l'esperer, & il n'y a personne qui ne différe en quelque chose du tableau général que l'on a cru devoir peindre. Or il n'y a pas deux genres d'affaires, pour ainsi dire, qui se ressemblent, comme il n'y a a pas deux Nations dans le monde, ni deux Gouvernemens qui n'aient des caractères absolument différens : ensorte que le même homme ne pouvant convenir ni à tout, ni partout, quoique doüé d'excellentes qualités, ceux à qui il appartient de choisir les instrumens de leur politique doivent adapter chaque homme au genre d'affaires, & au caractère de Nation pour lesquels il peut être le plus propre.

Sur le choix des Ministres & les qualités rélatives au genre de la Négociation.

Pour suivre une longue Négociation, il faut un homme patient & tranquille.

S'il faut brusquer une affaire, on cherchera un homme décidé.

S'il faut conseiller des partis hardis, on ne se servira pas d'un esprit timide.

S'il faut discuter une affaire contentieuse, on choisira un homme d'étude, profond, capable de bien disputer le terrein.

Une affaire d'arrangement demandera un homme capable de détails.

S'ils ne s'agit que de représentation, on choisira un homme magnifique, généreux, aimant personnellement le luxe & la dépense.

La connoissance des maximes de chaque

que Gouvernement, du caractère des Princes & de leurs principaux Ministres, doit encore entrer pour beaucoup dans le choix que l'on fait des Négociateurs. Selon les notions que l'on en a, on choisira un homme vif ou tempéré, plus ou moins susceptible de confiance ou de défiance; facile en affaires, ou épineux; un homme liant, ou un homme ferme; un homme souple, ou un homme haut; un travailleur, ou un homme de societé; un Magistrat, ou un Militaire; un homme du monde, ou un homme de cabinet; un homme de grande naissance, ou seulement un homme d'un état honnête; mais pour tous les endroits, & pour tous les genres d'affaire sans exception, il faut des gens que leur réputation annonce avantageusement dans le Païs où ils vont résider. Si la bonne opinion les précéde, le succès les accompagne presque toujours, quand le fonds des affaires n'a pas des obstacles invincibles.

Premières connoissances.

La nomination du Ministre à un emploi, fixe les objets de son application & de son travail. Son premier soin doit être de prendre une connoissance parfaite des affaires dont il doit être

chargé.

chargé. La lecture des papiers lui fait connoître les Négociations qu'il y a eues avec la Cour auprès de laquelle il va résider ; leur origine, leur progrès les obstacles qui s'y sont rencontrés, la manière dont ils ont été levés en tout ou en partie ; les personnes qui y ont contribué ; les moïens par lesquels on a réussi, l'usage que l'on a fait des succès, le caractère du Prince auprès duquel il est envoié, celui de ses Ministres ou de ses Favoris ; quels sont ses intérêts, ses facultés & ses ressources ; quelle est la situation intérieure de sa Cour ; la manière dont il convient de se conduire avec les uns ou les autres. Les conversations avec les Chefs du Gouvernement apprennent au Ministre nommé les desseins du Souverain, les intérêts qu'il veut ménager, les vûes qu'il veut faire réussir ; jusqu'où il veut porter ses engagemens ; quels sont ceux qu'il peut vouloir éviter, quel dégré de liaison & d'intimité il peut former avec le Prince à qui il envoie un nouveau Ministre.

ces que doit prendre un Ministre avant son départ.

Mais ces différentes connoissances, quoique nécessaires à prendre, ne sont cependant pas toujours infaillibles, parce qu'un instant suffit pour changer la face des Cours. Celui qui avoit la principale confiance en a souvent perdu beaucoup, avant qu'on s'en apperçoive. Le nouveau Favori inspire ses principes à son Maître, il les lui fait adopter, & souvent on retrouve le Prince dans des sentimens absolument différens de ceux dont on s'étoit fait l'idée. Le fonds des maximes-mêmes change quelquefois, ainsi il arrive fréquemment que l'on ne porte avec soi que des connoissances fausses quant à l'application, pour peu qu'il y ait quelque intervale entre le tems de l'instruction, & le moment de l'arrivée au lieu de la résidence.

Les différens changemens qui peuvent arriver avant qu'il se soit rendu au lieu de sa résidence.

Malgré l'inconvénient de cet intervale à certains égards, il seroit cependant à souhaiter qu'il y en eût assés pour qu'un Ministre pût apprendre l'Histoire & la Langue du Païs dans lequel il va résider. Il en peut résulter de grands avantages. On s'introduit plus facilement; & aiant moins besoin de tiers pour une infinité de choses, on est bien plus sûr de ce que l'on

Sur l'histoire & la langue du Païs.

l'on fait, comme de ce qu'on voit ou qu'on entend.

Il n'eſt pas moins néceſſaire qu'un Miniſtre s'inſtruiſe, autant qu'on le peut faire de loin, des uſages du Païs pour lequel il eſt deſtiné; de la manière d'y vivre; des choſes qui y ſont bien ou mal reçues, afin que dès le premier moment de l'exercice de ſon miniſtère il puiſſe ſaiſir le goût de la Nation, & ſe conformer aux affections de ceux avec leſquels il doit vivre.

Sur les Instructions.

L'uſage eſt de donner aux Miniſtres des inſtructions par écrit, & les Miniſtres doivent même les ſouhaiter, ſurtout pour des affaires d'une grande importance, dans leſquelles les ordres par écrit doivent faire leur décharge, parce qu'ils ſont leur autoriſation. Cependant il y a beaucoup d'occaſions dans leſquelles, par excès de précaution, des ordres principaux ne ſont donnés que verbalement. Mais de quelque manière qu'ils ſe donnent, il eſt de la prudence de celui qui forme les inſtructions d'y répandre toute la lumière & toute la clarté poſſibles, enſorte qu'aucune équivoque ne puiſſe induire le Miniſtre en erreur. Le Miniſtre

Manière dont elles doivent être dreſſées.

niſtre de ſon côté doit tâcher de prévoir toutes les différentes ſituations dans leſquelles il peut ſe trouver, toutes les différentes tournures que peut prendre l'affaire dont il doit être chargé; ce n'eſt qu'en propoſant ainſi ſes doutes qu'il peut s'éclaircir entiérement, ſe faire autoriſer pour tous les cas à prévoir, & ſuppléer à ce qui échape ſouvent à l'attention la plus réfléchie de celui qui a dicté les inſtructions. Il faut, pour ainſi dire, diſcuter avec le Miniſtre de ſon Maître les affaires dont on va être chargé, comme on feroit avec l'Etranger même, afin d'en mieux connoître la portée & l'étendue, le fort ou le foible; de fixer les raiſons dont on peut ſe ſervir, de déveloper d'avance les objections qui peuvent être faites, & de déterminer les réponſes propres à les faire tomber. Un Miniſtre intelligent, loin de s'attacher à des doutes frivoles, ſçait ſaiſir l'eſſentiel, & regarder tout ce qui ne l'eſt point comme devant être ramené à l'objet principal. Et en effet il y a une infinité de cas particuliers qui ſe décident d'eux-mêmes, quand on entend bien le fonds de

Réflexions qu'elles doivent occaſionner de la part du Miniſtre à qui on les remet.

de ſon affaire, & que l'on eſt aſſés ferme ſur les principes généraux, pour y ramener tout, pour ainſi dire, comme à un point de ralliement. Voilà ce que produit le diſcernement, & un jugement ſain, qui frape toujours au but principal. La maniére de douter & les objets des doutes d'un Miniſtre qui s'inſtruit, le caractériſent ordinairement aſſés pour juger d'avance de la façon dont il s'acquitera de ſon miniſtère, au moins quant à l'eſſentiel, lorſqu'il en aura commencé les fonctions.

Si ce que l'on vient de marquer doit faire l'objet principal de l'attention du Miniſtre, qui ſe prépare à partir, il y a encore des ſoins domeſtiques, auſquels il eſt néceſſaire qu'il ſe livre, & qui tout indifférens qu'ils paroiſſent au premier coup d'œil, n'ont cependant pas une médiocre influence ſur le ſuccès du Miniſtre.

Détail ſur l'intérieur de la maiſon du Miniſtre.

L'uſage a attaché une folle idée de dignité au choix d'un corps de Domeſtiques de belle repréſentation, & à celui d'un riche ameublement; il faut ſe prêter à cette folie, puiſque l'opinion des hommes en a fait une partie de la repréſentation.

 Un

Un ſoin plus important encore doit occuper le Miniſtre, c'eſt celui d'avoir des Domeſtiques ſages, modérés, ennemis des incidens ; il faut ſurtout qu'ils ſoient fidèles, enſorte qu'on ſoit en ſûreté contre la ſéduction qu'il n'eſt que trop ordinaire que l'on emploie, pour être inſtruit de ce qui ſe paſſe dans l'intérieur d'une maiſon, de ceux qui la fréquentent, ſoit Nationaux, ſoit Etrangers, des Couriers qui y arrivent, ou de ceux qui en partent ; enfin de mille circonſtances qui paroiſſant indifférentes, peuvent cependant donner des indications dont on ſçait profiter. Auſſi eſt-il à ſouhaiter, pour le bien du ſervice, qu'un Miniſtre ſçache ſe faire aimer dans l'intérieur de ſa maiſon. Le ſentiment eſt de tous les états, & l'on eſt d'ordinaire ſervi fidélement par ceux que conduiſent l'attachement & la reconnoiſſance des bons traitemens. Or on n'apporte pas à ce choix une attention ſuffiſante, parce qu'on n'eſt pas aſſez convaincu de ſon importance.

Sur le choix des Secretaires

Si la fidélité en cette eſpèce de gens eſt ſi déſirable, combien ne doit-elle pas être éprouvée dans celui qui eſt appellé aux fonctions de Secretaire; c'est une matière en elle-même si délicate, que l'on est toujours étonné de voir les Ministres en prendre le choix sur leur compte, & ne s'en pas raporter au Gouvernement qui est censé connoître mieux les sujets, ou qui du moins, s'il est trompé, ne peut rien reprocher à ceux qui s'en sont remis à lui. Le silence, la fidélité & le secret doivent regner dans toute Secretairie, & le Ministre ne peut y veiller trop attentivement. Ceux qui se destinent à cet état, ont besoin d'être plus vertueux que d'autres.

Premiers devoirs du Ministre arrivant dans le Païs étranger.

Quelle que soit la mission du Ministre, les premiers devoirs qu'il a à remplir dans le Païs où il arrive sont ceux de politesse & de bienséance. Le premier objet en est le Ministre principal, ou celui à qui la correspondance avec l'Etranger est confiée. Ce n'est pas ici le lieu d'examiner s'il lui doit ou non la première visite. Ce fait particulier varie selon les Païs, & selon le caractère du Ministre qui arrive. En tout Païs le premier soin doit être de faire notifier son arrivée par la personne de sa maison la plus qualifiée.

C'eſt ordinairement un Gentilhomme ou un Secretaire.

Objet ordinaire de ſa première entrevûe.

La première entrevûe ſe paſſe ordinairement en propos généraux qui de part & d'autre ne tendent qu'à ſe connoître réciproquement, & à démêler le fonds du caractère. Rarement dans ces occaſions on traite d'affaires ; à moins qu'on ne ſoit attendu pour cela, & que l'impatience de part ou d'autre n'y donne lieu, ou que certaines circonſtances particulières ne l'exigent.

Communication des Lettres de créance.

L'objet de cette première converſation avec le Miniſtre eſt de lui communiquer les Lettres de créance, & de ſe ménager le moment de les remettre bien-tôt au Souverain lui-même.

Cérémonial.

Dans chaque Païs on ſçait quel cérémonial eſt dû à chaque caractère, à proportion du rang que tient le Souverain qui envoie & celui qui reçoit le Miniſtre ; & comme cet article fait toujours partie des inſtructions, il n'eſt queſtion que de conſtater les faits & d'aſſurer la forme de la réception. Ce ſont même de ces choſes ſur leſquelles il faut ſçavoir ſe prêter en ce qui

qui n'eſt pas contraire au fonds des prérogatives, quand on a fait reconnoître le droit, & que le Prince auprès de qui l'on doit réſider ſouhaite quelques complaiſances pourvû qu'elles ſoient accompagnées des précautions néceſſaires, afin qu'elles ne tirent point à conſéquence, & qu'elles ne puiſſent ſervir d'exemple. Si l'on s'y refuſoit, on courroit riſque de ſe rendre deſagréable perſonnellement, & ce ſeroit mal ſervir ſon Maître dès le commencement que de donner lieu à des préventions contre ſoi.

Dans quel cas & a quelles conditions on peut ſe relâcher.

Raiſons de cette complaiſance.

La remiſe des Lettres de créance doit être accompagnée d'un compliment au nom du Prince qui envoie. Ce compliment quoique conçû ordinairement en termes généraux, doit être propre aux circonſtances, & tourné d'une manière agréable & flateuſe pour le Prince auquel il eſt adreſſé.

Remiſes des Lettres de créance. Ce qui doit entrer dans le compliment qui les accompagne.

Indépendamment de ce que le compliment contient de la part du Prince au nom duquel on parle, il eſt de la bienſéance; il eſt même néceſſaire que le Miniſtre y ajoute des aſſurances de ſon reſpect perſonnel & du déſir qu'il a de ſe rendre agréable par ſa conduite

aux

aux yeux du Prince auprès duquel il va résider. Ces sortes de discours ne peuvent être trop simples par l'expression, & ils ne doivent être relevés que par la noblesse des pensées & du sentiment.

Ordinairement les Princes répondent avec bonté à ces complimens, ou du moins ils les reçoivent avec des démonstrations extérieures satisfaisantes pour le Ministre, & qui font juger que ni sa commission, ni sa personne ne sont point desagréables.

Visite aux Gens en place & Ministres étrangers résidens dans la même Cour.

En même tems que l'on remplit envers les personnes les plus considérables les devoirs compatibles avec la dignité du caractère, il y a aussi des civilités d'usage à observer avec les autres Ministres Etrangers qui y résident. Elles se réglent sur le caractère different des Ministres ou sur le rang de leurs Principaux ; & le Ministre y joint plus ou moins d'empressement, selon ce qu'il sçait des sentimens & des dispositions de sa Cour.

Utilité qu'on peut retirer de cet usage.

Quoique ces premiers tems semblent n'être consacrés qu'à un vain cérémonial d'usage, ils ne sont pas totalement inutiles au Ministre qui doit dès

dès le commencement travailler à connoître les caractères & à se rendre agréable par la manière dont il remplit ces premières civilités. De-là dépend, comme on l'a dit, le premier jugement que l'on porte de lui. D'ailleurs dès ces premières cérémonies, il peut tirer des indications pour diriger les liaisons qu'il doit former, & dont le choix est peut-être la chose la plus délicate pour un Ministre.

Inconvéniens des liaisons qui pourroient être desagréables au Ministre.

Rien, par exemple, ne seroit moins convenable pour un Ministre, ni plus dangereux que de se lier intimement avec des personnes desagréables au Gouvernement. Ce seroit donner lieu à des soupçons fâcheux & à des défiances contraires, à l'objet que le Ministre doit se proposer. Quand ces soupçons porteroient à faux, ils sont toujours longs à détruire, parce que les hommes en général reviennent difficilement des préventions que la vraisemblance autorise. Ce n'est pas que le Ministre doive partager les démonstrations du mécontentement, ou de la défiance qu'il voit subsister contre quelqu'un, mais il y a sur cela un juste milieu à observer, qui n'échappe

Manière de se conduire avec les personnes disgraciées qu'on est obligé de ménager.

pe pas à un Ministre sage & circonspect.

D'ailleurs, si le Ministre est obligé par les circonstances, ou par les ordres de son Maître de marquer de l'attention, & d'avoir des ménagemens pour quelqu'un qui est dans un état de disgrace, il y a manière de le faire sans qu'il en puisse naître aucun inconvénient, & sans manquer pourtant au personnel. Il n'y a dans un pareil cas, ou l'on ne croit pas du moins qu'il puisse y avoir personne assés déraisonnable pour exiger plus que des attentions secretes. Des attentions marquées le compromettroient, & on devroit s'y opposer si un Ministre étranger étoit assés peu circonspect, pour s'éloigner des ménagemens convenables.

Eviter d'être d'aucun parti.

Ce qu'un Ministre doit le plus éviter est ce qui le feroit paroître homme de parti. Il doit ne se méler d'aucune intrigue particulière, parce qu'il porteroit préjudice aux intérêts de son Maître, en perdant nécessairement la confiance de ceux contre lesquels il s'éleveroit. N'étant d'aucune faction, conservant une égalité de correspondance avec tout le monde, & connu pour in-

incapable de sacrifier le secret qui peut lui être confié, il devient nécessairement le confident de tout le monde, & se voit également bien traité partout.

Quelqu'empire que l'on puisse avoir sur soi-même, il est impossible qu'on ne s'aveugle, & qu'on ne se passionne pour le parti auquel on vient à se livrer. On voit avec des yeux prévenus tout ce qui vient de l'autre part, on en juge mal & l'on donne par conséquent de fausses idées à son Maître.

Raisons de cette conduite.

Le Prince-même auprès duquel on réside peut avec raison trouver mauvais que le Ministre étranger excéde sa mission, en se mêlant dans des intrigues de Cour. Rien ne doit naturellement lui être plus suspect, & il n'est point étonnant qu'on souhaite & qu'on demande le rappel d'un pareil Ministre. Sa conduite alors est d'autant plus repréhensible, qu'on la peut croire autorisée par des ordres supérieurs. Aussi le point le plus important à recommander à un Ministre avant qu'il parte, est de tâcher d'être bien instruit, mais d'être simplement spectateur. Le

plus

plus grand obstacle à être bien & sûrement instruit, est de se rendre acteur.

Ce n'est pas qu'un Ministre doive avoir une égale confiance pour tout le monde. Il doit y mettre des bornes plus ou moins étendues, selon ce qu'il connoit des intentions : Car si dans l'intérieur tout le monde étoit traité avec une exacte égalité, on n'auroit jamais d'ami sur lequel on pût compter par préference. Or il y a une infinité d'occasions, dans lesquelles on est bien heureux de pouvoir trouver de vrais amis.

A qui un Ministre doit s'attacher de preference.

Il est naturel aussi pour le bien du service que le Ministre se lie plus étroitement avec celui qui a le plus de crédit, ou le plus d'influence dans la décision des affaires. S'il ne le faisoit pas, il manqueroit à une partie essentielle de son dévoir, & personne ne peut se plaindre d'une préference nécessaire qui se trouve déterminée par le goût, ou par la confiance du Prince. Il n'y a qui que ce soit qui à la place du Ministre ne se conduisît, ou ne dût se conduire de méme. Il n'est pas raisonſonnable de ſçavoir mauvais gré à quelqu'un, qui ne fait que ce que nous ferions nous-mêmes.

Il peut arriver que celui à qui les circonſtances nous engagent à montrer de la confiance & de l'attention, n'en ſeroit pas toujours eſtimé le plus digne, ſi nous n'avions à ſuivre que notre ſentiment intérieur & les mouvemens de notre prédilection; mais l'homme public, comme un Miniſtre, ne peut pas toujours ſuivre ces mouvemens; il faut ſouvent qu'il les faſſe céder à des conſidérations ſupérieures, comme l'intérêt des affaires, qu'il eſt obligé de conduire par les indications qu'il tire du Païs où il réſide. En effet à quoi ſerviroit-il de vouloir combattre le goût du Prince, quand on n'a pas de preuves que les préventions de celui à qui il a donné ſa confiance, nuiſent aux affaires dont on eſt chargé? Il eſt même bien dangereux de rompre ouvertement avec ceux que l'on croit qui doivent être tenus pour ſuſpects. On y ſuccombe ordinairement, ou ſi par hazard on y réuſſit, on ſe fait un ennemi irréconciliable, dont la haine & le reſſentiment ſe perpétuant de ra-

Inutilité & danger de déſervir les Favoris dans l'eſprit du Prince auprès duquel on réſide.

ce en race, pouſſe ſouvent bien long-tems après des rejettons dont on a oublié la naiſſance, mais qui n'en ſont pas moins dangereux. Or le grand talent du Miniſtre eſt de ne point ſuſciter d'ennemis à ſon Maître & à ſon Païs.

Comment on doit regarder ſes inſtructions dans de certaines circonſtances.

Les connoiſſances que le Miniſtre a priſes avant ſon départ pouvant aiſément porter à faux, ainſi qu'on l'a déjà fait remarquer, il ne doit pas en faire déterminément la règle de ſes jugemens; elles lui doivent ſeulement ſervir d'indications pour vérifier plus aiſément les choſes par lui-même, & pour fixer enſuite ſur cette vérification ſa manière de penſer & d'agir. Il y a en ce genre beaucoup de choſes que l'on peut déveloper par ſes propres lumières, mais il y en a auſſi ſur leſquelles il faut néceſſairement s'en rapporter au témoignage des autres.

Danger de ſe livrer aux raports d'autrui.

Ce témoignage eſt ſouvent fort équivoque, & c'eſt-là que le Miniſtre a beſoin de toute ſa ſageſſe pour déveloper les motifs, les affections ou les intérêts de ceux qui lui parlent. Un ennemi du Miniſtère ou du Gouvernement ne donnera que des idées défavofavorables de ses maximes; un homme prévenu en sa faveur ou gagné lui en fera le portrait le plus flateur. Les animosités personnelles, les haines de famille peindront avec de fausses couleurs les caractères de certains Ministres principaux. L'envie de leur nuire fera donner des conseils dangereux. Il y a cependant une infinité d'occasions dans lesquelles les rélations d'un Ministre n'auront été puisées que dans des raports suspects. Elles passent pour solides, on bâtit sur ces fondemens, & par conséquent l'édifice porte à faux. Un Ministre sage doit donc écouter tout le monde, mais il ne doit s'arrêter aux idées qu'on lui présente, qu'après les avoir combinées par tout ce qui peut en faire la preuve; & quand il l'a trouvée évidemment, c'est alors qu'il doit se fixer.

Importance & difficulté de connoître les sentimens du Prince auprès

Le Prince auprès duquel on réside, est la personne qu'un Ministre a le plus de peine & en même tems le plus d'intérêt à connoître; les occasions de l'aborder sont plus rares; les Princes se communiquent moins que les autres hommes; on est plus circonspect avec

duquel on réside.

eux en ce genre de propos, dont l'effet, ou l'impression dévelopent plus aisément les autres hommes. C'est cependant une étude importante & nécessaire pour apprendre à leur plaire, non en flatant leurs défauts, ou en loüant leurs vices s'ils en ont; mais en ne faisant, ni ne disant rien qui puisse heurter de front leur manière de penser.

Il est rare que l'on traite d'affaires avec eux directement, ou du moins quand on leur parle, ils sont préparés par leurs Ministres. Mais comme la fidélité des Ministres exige qu'ils présentent à leur Maître les affaires dans le sens & la forme qu'on leur a donnée, il est essentiel que le Ministre étranger connoisse assés le caractère du Prince, pour pouvoir donner à ses propositions une tournure capable de faire impression sur lui, & de le persuader, quand elles sont remises sous ses yeux.

Avec quelle circonspection on doit parler des Souverains.

Quoique l'on puise penser sur le caractère du Prince, il est de la sagesse d'un Ministre de ne jamais laisser échaper le moindre mot dont on puisse lui faire un démérite. Rien n'oblige à dire du bien, si l'on n'en pense pas; on ne le doit même point, parce que le mensonſonge eſt toujours déteſtable ; mais le reſpect ne permet pas de dire le mal que l'on pourroit ſçavoir. Les Princes, élevés qu'ils ſont au-deſſus des autres hommes, pardonnent encore moins les indiſcrétions dont le ſujet peut les bleſſer ; & les impreſſions de cette eſpèce ſe gravent ſi profondément, qu'elles ne s'effacent, pour ainſi dire, preſque jamais.

Même égard que l'on doit avoir pour leurs principaux Miniſtres.

La perſonne des Miniſtres, après celle des Princes, doit être reſpectée dans tous les diſcours d'un Miniſtre étranger. Il eſt aiſé de ſentir qu'étant les canaux néceſſaires par leſquels les affaires paſſent juſqu'au Prince, ils doivent être traités avec ménagement, enſorte qu'il ne leur revienne rien, qui puiſſe faire ſuppoſer, ou que l'on ait de l'averſion pour eux, ou qu'on les meſeſtime. Ils ſont hommes comme les autres ; & ils ont plus les moïens d'exercer leur vengeance. Or le Miniſtre étranger doit toujours avoir devant les yeux cette vérité, qu'il ne peut lui échaper ni démarche, ni parole capables de le décréditer, qui ne faſſent tort à ſon Souverain lui-même, & aux affaires dont il eſt dépoſitaire,

& qui réussissent bien ou mal selon la manière dont elles sont conduites.

Combien il est avantageux de connoître les familles & leurs dispositions.

La connoissance des familles est encore essentielle à acquérir, pour fixer le choix des compagnies à assortir dans le cours ordinaire de la societé. La représentation, & l'utilité des affaires exigent que le Ministre rassemble souvent compagnie ; s'il ignore quels sont ceux qui se conviennent, & qui se trouvent volontiers ensemble ; il ne pourra tirer aucune utilité de ces occasions, parce que des convives qui sont en défiance, ou en inimitié les uns contre les autres, ne se livrent point à la conversation, ni aux agrémens de la societé.

Or c'est un inconvénient que le Ministre doit fuir avec soin, & qu'il ne peut éviter, qu'autant qu'il est parvenu à une connoissance exacte de l'intérieur du Païs dans lequel il réside.

Utilité d'une connoissance prompte de certains faits.

Si la connoissance des caractères est importante, celle des faits ne l'est pas moins pour le service momentané du Maître que l'on sert ; & souvent un fait découvert de bonne heure & communiqué à propos à celui à qui l'on doit compte de ses actions, décide du sort

ſort de ſes plus grands intérêts. Il y a, pour acquérir cette connoiſſance, pluſieurs moïens qui dépendent de l'intelligence du Miniſtre & de ſon attention à faire ſur les différentes indications, les combinaiſons propres à produire une démonſtration. C'eſt le Chef-d'œuvre du Négociateur en ce genre. Il eſt un autre moïen, qu'à la vérité on ne peut trouver ni loüable, ni honorable; c'eſt celui d'avoir des eſpions gagés & de corrompre des gens inſtruits. On ſçait qu'il n'y a preſque perſonne qui ait du ſcrupule à emploier ce moïen, & qui n'eſpere s'en faire un mérite auprès de ſon Maître. Le Miniſtre y met aſſûrément peu du ſien; l'or en eſt le ſeul inſtrument; & tout ce qui en cela peut dépendre de l'intelligence du Miniſtre, c'eſt de bien choiſir les perſonnes ſur leſquelles il place ſes bienfaits ou ſa libéralité. On ſe feroit lapider peut-être dans le monde politique, ſi on vouloit déterminément interdire aux Miniſtres cette reſſource pour être inſtruits; mais qu'il ſoit permis du moins de ne conſeiller d'y avoir recours qu'au défaut de tous autres moïens. J'ai un mépris décidé pour

Moïen peu honorable pour y parvenir, quoique d'uſage.

Sentiment de l'Auteur ſur la reſſource de la corruption.

pour ceux qui ſont capables de céder à la ſéduction, & je déteſte preſqu'autant la voïe par laquelle on arrive juſqu'à eux, que j'ai en horreur ceux qui ſe laiſſent aborder pour trahir leur devoir & leur Maître.

Infidélité des eſpions.

Il faut même convenir que ce moïen eſt ſouvent dangereux ; & qu'on peut être aiſément battu par ſes propres armes. On ne peut aſſûrément ſe fier à un traitre; & rien n'eſt plus ordinaire que de païer cherement de faux avis, dont on démaſque difficilement la fauſſeté, ſi l'on n'a pas l'habileté de puiſer dans la même ſource par deux voïes, qui inconnues l'une à l'autre puiſſent ſervir, pour ainſi dire, d'un contrôle ſûr de la vérité.

Moïens de la découvrir.

L'Obligation journalière du Miniſtre, eſt de rendre compte à ſon Maître de tout ce qui vient à ſa connoiſſance. Ce n'eſt pas la partie du miniſtère la plus difficile; mais il me paroît qu'elle doit tenir place dans l'inſtruction générale que je me ſuis propoſé de donner.

Sur la maniere de rendre compte à

La plus eſſentielle attention du Miniſtre doit être l'exactitude dans les faits qu'il rapporte ; il ne doit ni en affoiblir, ni en charger le coloris ; il doit marquer diſ-

son Maître.

distinctement ceux qu'il croit sûrs ou douteux, & détailler les raisons qui lui font porter l'un ou l'autre jugement, afin que sa Cour puisse en peser la valeur. Il ne doit pas flater son Maître par le choix des choses qu'il mande, ni par la manière dont il les écrit. Sa mission n'est pas de le tromper, mais de l'éclairer. C'est dans ce même principe qu'il doit communiquer ses pensées, & ses réflexions sur l'usage qu'il croit que l'on peut faire des faits dont il rend compte; il suffit qu'il les soumette au jugement supérieur de celui à qui il appartient d'en décider. Mais il ne rempliroit qu'imparfaitement ses obligations, si dans l'occasion il ne proposoit pas son sentiment, comme il feroit dans le Conseil même de son Maître, où on liroit les rélations des Ministres résidens en Païs étrangers. A la vérité, son avis peut n'être pas bon rélativement à une infinité de combinaisons générales qu'il ne peut pas faire. Mais on ne peut lui demander, que de raisonner conséquemment sur les faits dont il est à portée d'être instruit, & tels qu'il les sçait. Cette réflexion sur la généralité de combinaisons doit em-

Qu'un Ministre ne doit pas se passionner pour son sentiment.

pêcher le Ministre de s'attacher à son avis, & de se passionner pour son sentiment ; & la docilité dans le cas où il s'est trompé, est son partage nécessaire, s'il n'est occupé que du soin de bien servir son Maître ; car quelquefois il arrive que le Ministre se trompe même sur les faits qui se passent sous ses yeux, & qu'il croit cependant décidés par les conjectures qu'il a formées. Il ne faut pas qu'aucun retour d'amour propre ou aucune peine personnelle l'empêchent de recevoir la lumière qui lui vient de plus haut. Il est nécessaire qu'il en profite, soit pour se rectifier sur l'objet de ses conjectures, ou pour les former plus justes une autre fois.

La soumission qu'il doit avoir pour les ordres qu'il reçoit de sa Cour.

En même-tems que le Ministre est essentiellement obligé de mander l'exacte vérité, il faut convenir qu'il y a manière de remplir ce devoir. Les faits favorables ou défavorables doivent être rapportés dans toute leur précision ; mais il faut que les réflexions qui les accompagnent soient exemtes de passion. Souvent un Ministre qui ne se croit pas assés bien traité, ou assés considéré dans une Cour, empoisonne les choses les plus sim-

Sincérité qui doit regner dans ses rélations.

ſimples. D'autres fois, s'il voit que le goût de la bonne intelligence ne ſubſiſte pas entre le Prince qu'il ſert & celui auprès duquel il reſide, il croit faire ſa cour en aigriſſant les choſes, & en donnant des conſeils violens. Cet intérêt particulier a ſouvent des ſuites dangereuſes. Si le Miniſtre en eſt cru par ſon Maître, les choſes ſont bientôt portées à l'extrême; ou ſi le Conſeil eſt plus ſage, il blâme intérieurement l'excès des rélations.

Par les contraires, il ne faut pas que le perſonnel, comme l'envie de reſter dans un Païs, ou le deſir de conſerver une place utile, influe ſur les conſeils qu'un Miniſtre donne à ſon Maître. En un mot il faut ſe dépouiller de ſoi-même pour le bien ſervir, en ſe mettant à ſa place dans toutes les occaſions importantes où l'on pourroit craindre les retours de l'intérêt perſonnel.

En effet la façon dont on rend compte contribue beaucoup à la maniére dont ſont dreſſées les inſtructions que l'on reçoit: enſorte que le Miniſtre travaille pour ſes propres ſuccès, quand ſes rélations ſont telles, que les réponſes puiſſent avoir de la netteté & de la pré-

précision. Il faut qu'il en donne l'exemple, en écartant les faits & les réflexions inutiles, en présentant toujours le fait principal sans nulle obscurité, & en faisant sentir le but auquel il croit que doivent fraper les ordres qu'il demande ou qu'il attend.

Qualités essentielles aux instructions qu'on envoie aux Ministres en Païs étrangers.

Les instructions qu'on envoie à un Ministre doivent toujours avoir trois objets. Premiérement, l'exposition de ce qu'on désire qu'il fasse; secondement, la raison des ordres qu'on lui donne, & leur fin; troisiémement, l'indication des moïens que l'on croit qu'il doit emploier dans l'exécution. Cette méthode dans les instructions facilite au Ministre l'intelligence de ce qu'elles contiennent, parce que ces trois articles sont l'objet nécessaire de ses réflexions & de sa méditation sur les ordres qu'il reçoit. Sans cet examen, il ne jugeroit jamais avec certitude des changemens qu'il peut être obligé d'apporter à ce qu'on lui prescrit: au lieu qu'en lui mandant pourquoi on désire qu'il fasse telle ou telle chose, on le met à portée de mieux juger sur les circonstances qui varient d'un moment à l'autre, s'il va au but qu'on se propose, en exécutant ponc-

ponctuellement ce qu'on lui prescrit ; ou s'il doit y ajouter, ou en retrancher.

A l'égard du choix des moïens à emploier, il ne faut jamais gêner absolument un Ministre, parce qu'il doit être censé connoître assés toutes les parties de son terrein pour décider sur la méthode : à moins qu'on n'ait des raisons particulières pour la lui prescrire. On embarrasseroit un Ministre, au lieu de l'aider, en le fixant absolument à de certains moïens. Il suffit qu'il entende, & qu'il sente bien ce que l'on veut de lui. Le choix de la méthode doit dépendre de son intelligence ; & quand même il n'auroit pas réussi, il ne faut pas le juger par l'événement, mais indépendamment des succès, être content de lui, dès qu'il a agi conséquemment.

Si un Ministre reçoit des ordres, dont l'exécution puisse être desagréable à la Cour auprès de laquelle il réside, il faut qu'il use de certains ménagemens pour ne pas offenser, & que par sa manière d'agir & de parler, il adoucisse les objets sans cependant les altérer. Qu'il les fasse entendre plûtôt que de les annoncer cruement ; qu'il emploie la force

Comment on doit s'acquiter de

ce

commiſſions deſagréables. ce des raiſons, s'il en a, pour démontrer la juſtice des ordres qu'il exécute; qu'il aide même ceux à qui il parle à trouver des expédiens pour concilier les choſes, & prévenir certaines extrémités; que perſonnellement il paroiſſe affligé de ſa propre commiſſion. Enfin il y a mille moïens qui adouciſſant les déclarations les plus améres, en diminuent le reſſentiment, ou font qu'il eſt de moindre durée.

Manière de ſe conduire par raport aux différens objets de Négociation. Le Miniſtre chargé de ſolliciter & d'obtenir quelque choſe de raiſonnable & de poſſible, doit s'appliquer à en faire voir la raiſon & la poſſibilité. Il faut qu'il montre qu'aucun intérêt du Prince à qui il s'adreſſe ne s'y oppoſe, qu'il lui faſſe enviſager des objets de convenance & d'utilité, qu'il les lui ſuggére même, & les lui offre, s'il y eſt autoriſé. Car jamais un Miniſtre ne doit engager ſon Maître au-delà de ce qu'il veut l'être.

Si au contraire on eſt autoriſé à accorder quelque choſe que déſire la Cour auprès de laquelle on réſide, un Miniſtre intelligent doit aller par dégrés pour placer à propos les condeſcendances qu'on a remiſes à ſa diſpoſition;

tion ; il doit en faire ſentir tout le prix, mais toujours proportionnément à la valeur de la choſe & aux circonſtances ; car celui qui excéderoit cette proportion, loin de réuſſir, ſe feroit tourner en ridicule, & vantant une choſe beaucoup au-delà de ce qu'elle peut valoir, il n'auroit plus d'expreſſions, ni de moïens propres pour relever convenablement le mérite de quelqu'autre choſe, qui par l'événement ſeroit d'un plus grand prix.

Ce qu'il y a de plus difficile à traiter.

Un Miniſtre a quelquefois des objets fixes de Négociation, comme des traités de paix après une guerre, ou des traités d'alliance; c'eſt-là ſon triomphe, quand il a des talens ſupérieurs, & ce peut être auſſi ſon écueil.

Ce qui peut en préparer le ſuccès.

Il faut ſouvent avoir pendant longtems jetté des propos, & laiſſé échaper des inſinuations indirectes, pour faire naître le déſir, ou l'idée d'une choſe à laquelle on veut ſoi-même parvenir. C'eſt un premier pas qu'il faut faire avec habileté, mais qu'il faut accompagner de patience. Quelquefois ces premières démarches ſont prématurées par la nature des circonſtances, & parce que l'intérêt de ceux à

qui

qui l'on s'eſt adreſſé ne leur conſeille pas encore d'y répondre ; c'eſt un grain, qui quoique ſemé en bonne terre & dans une ſaiſon convenable, a beſoin d'un certain tems pour germer. L'impatience en retarderoit le produit ; & il n'eſt point de genre de culture qui n'ait ſes tems de repos, comme de travail.

Défaut ordinaire aux jeunes Miniſtres.

Quelquefois la crainte de n'avoir pas été entendu donne lieu à revenir mal-à-propos à la charge ; cela n'eſt pardonnable qu'à des Négociateurs nouveaux, qui croient que les affaires doivent marcher au gré de leur ardeur.

On peut cependant auſſi tomber malgré ſoi dans cet inconvénient, quand les événemens nous preſſent, ou que certaines circonſtances nous forcent. C'eſt dans ces occaſions principalement que le Négociateur a plus beſoin de talens pour dérober le plus qu'il peut des motifs, ou de la grandeur de l'impatience, que ſes démarches redoublées font néceſſairement appercevoir.

Lorſqu'on eſt enfin convenu des deux parts de traiter, il naît de cette nouvelle face de l'affaire, un nouveau gen-

genre de travail; c'est de peser les conséquences, & l'objet des engagemens qu'on nous demande, & de combiner par comparaison l'étendue & la force de ceux que nous pouvons réciproquement demander.

Premier objet de travail dans un commencement de Négociation.

S'il n'est question que d'alliance générale sans spécification d'aucun cas particulier, & que les Puissances qui traitent ensemble soient à peu près en égalité de forces & de considération, il ne s'agit que de rendre les conditions réciproques, parce que ces deux points d'égalité réunis ensemble font égalité dans le tout.

Ce qu'il y a à observer pour une alliance qui n'est que générale.

S'il s'agit de s'engager sur quelque intérêt particulier existant ou prévû, la Puissance à laquelle on s'adresse ne manque pas de demander des avantages particuliers en compensation; ordinairement elle excéde dans les premières propositions le point auquel intérieurement elle est disposée à se fixer; & c'est alors qu'un Ministre a besoin de toute sa dextérité, pour tâcher de faire réussir le plus, & ne se réduire au moins, que quand il a reconnu clairement l'impossibilité de faire plus. Pour cela il doit bien examiner la propor-

Combien les Traités rélatifs à des intérêts particuliers exigent de dextérité.

tion qu'il y a entre l'intérêt qui fait agir la Puissance qui demande, & l'avantage qu'il veut exiger en réciprocité. C'est sur cet objet de comparaison qu'il agit, & qu'il se détermine pour se rendre plus ou moins facile, & pour le choix du moment où il doit placer ses facilités & ses condescendances.

Nécessité de bien constater les faits.

Ces commencemens de Négociation se passent d'ordinaire verbalement. On raisonne plus librement que l'on n'écrit. On se rapproche, on convient de principes. Un Ministre sage a l'attention de les bien constater, ensorte qu'il ne puisse point rester d'équivoque sur l'essentiel quand on en vient à la rédaction par écrit; le moment en est extrêmement délicat, parce que tout porte coup. L'une des deux parties, ou toutes les deux quelquefois rédigent leur projet. Celui qui rédige n'y met ordinairement que trop d'art, & par conséquent celui qui examine & qui se réserve la contradiction, ne peut apporter trop d'attention, ni de soin à ne rien passer qui puisse être matière à équivoque, ou contraire aux principes convenus verbalement, ou changer

Combien il entre d'art dans la rédaction des projets.

ger l'objet, ou l'effet du Traité. Ce n'est pas faire l'éloge des hommes que de dire qu'il faille un examen si rigoureux, quand il s'agit de mettre par écrit ce qui a été accordé verbalement. Il n'est pas question de peindre les hommes tels qu'ils devroient être, mais tels qu'ils sont en effet, c'est-à-dire, cherchant à prendre respectivement de la supériorité les uns sur les autres, & à profiter des fautes qu'occasionne l'inattention ou l'incapacité.

Ce qui justifie les précautions à prendre avant la signature.

Or tout étant de rigueur dans les Traités, & les Traités devant être un ouvrage de bonne foi, ils ne peuvent être trop examinés, avant que d'être signés, ni conçus avec trop de netteté, afin que chaque partie connoisse distinctement l'étendue de ce à quoi elle est obligée, ou de ce sur quoi elle peut compter dans les cas prévûs, ou existans.

Ordre des matières qui font l'objet du Traité.

Le préambule expliquant le motif & l'objet du Traité, est proprement un récit historique qui doit être fidèle, afin de bien fixer & de bien définir l'intention des contractans, & de déterminer les principes sur lesquels on a négocié.

 L'or-

L'ordre des articles n'eſt point une choſe indifférente, il ſert à la netteté & à l'intelligence.

La diſtinction des matières doit être faite avec ſcrupule, pour que des engagemens d'une étendue différente ne puiſſent pas être cenſés porter ſur un même objet. De l'obſcurité naiſſent des diſputes ſur la véritable intelligence ; & ſouvent la diverſité d'opinions conduit de l'amitié ſincére à la meſintelligence la plus fâcheuſe.

Dans tous Traités, les engagemens généraux doivent précéder les engagemens particuliers ; & l'on place enſuite le détail des moïens que l'on convient d'emploier pour l'exécution actuelle ou à venir.

Cet ordre qui eſt le plus ſimple & le meilleur, n'eſt cependant pas tellement de rigueur, qu'il ne puiſſe jamais être renverſé, & que l'on ne doive point s'en écarter. Il peut y avoir des cas particuliers qui autoriſent à ne pas ſuivre rigoureuſement cette méthode.

Circonſtances où l'on peut s'écarter des règles ordinaires.

Il y a des circonſtances ſi preſſantes, & des momens ſi ſinguliers, dont on peut vouloir profiter, que celui qui négocie ne doit pas diſputer pour quelque terme me de plus ou de moins, quand il ne le pourroit faire sans perdre une occasion unique, & quand d'ailleurs il obtient le principal & le plus essentiel de l'objet de ses instructions. Aussi voions-nous beaucoup de Traités défectueux que nous ne blâmerions peut-être pas, si nous étions instruits des motifs particuliers qui ont pu & dû faire passer sur certaines irrégularités; mais c'est un intérieur qui échape nécessairement aux yeux du Public.

Quoique les pouvoirs qui autorisent un Ministre à traiter paroissent illimités, ils sont toujours bornés par le fonds des instructions qui les accompagnent; & cette limitation est tellement de rigueur, que le Ministre ne peut en être trop scrupuleux observateur. Il doit en effet dans des choses d'une si grande précision, & d'une si grande importance, éviter autant qu'il peut de rien prendre sur lui, sur les termes des engagemens, & sur leur étendue. Les inconvéniens en sont trop évidens, pour qu'il soit besoin de les détailler. Celui qui passe ainsi les bornes qui lui sont prescrites, non seulement trompe son Maître, mais rend un

Détails de l'inconvénient qu'il y a pour un

Ministre de prendre sur lui.

un mauvais service au Prince avec lequel il traite, parce qu'il dépend toujours du Maître de ratifier ou non l'engagement pris par le Ministre qui a agi contre ses instructions. Un Ministre ne peut donc rendre compte trop réguliérement du progrès de sa Négociation, des obstacles qu'elle rencontre, des choses qu'il peut prévoir qu'on lui demandera, du dégré jusqu'auquel il croit qu'on se prêtera à ce qu'il est chargé d'obtenir : afin qu'instruit à propos & de bonne heure des intentions de son Maître sur la totalité, il puisse en faire plus sûrement un usage utile, & ne point s'engager sans un pouvoir suffisant.

Art nécessaire au Ministre dans la discussion des différens points de sa Négociation.

En effet, quand une affaire a plusieurs branches, ou plusieurs parties, il y a souvent bien de l'art dans la manière de la traiter. Sçavoir accorder un article quand il le faut, le contester jusqu'à ce que l'on obtienne en compensation quelque chose qui y soit proportionné ; ne point séparer les matières de manière que celui avec qui l'on traite puisse tirer tout l'avantage de la séparation, embrasser tout son objet, ne céder du terrein qu'à mesure que

que l'on en gagne d'ailleurs ; c'eſt la pierre de touche du Miniſtre, principalement dans les Négociations générales de paix qui embraſſent un grand nombre d'intérêts, & qui contiennent pluſieurs demandes réciproques. C'eſt le triomphe des talèns ; & tel Miniſtre, même ſoutenu par le ſuccès des armes de ſon Maître, fera une paix médiocrement avantageuſe, où un autre obtiendroit les plus grands avantages.

Cauſe de la précipitation ſi nuiſible au ſuccès des affaires.

La précipitation du Miniſtre eſt l'ordinaire écueil dans ces occaſions ; ſouvent elle vient d'un fonds dangereux d'amour propre. On regarde comme un grand honneur aux yeux de la poſtérité d'avoir mis ſon nom au bas d'un Traité. Le tems efface les objets, & la poſtérité voit le nom ſans connoître ce que ſouvent il a coûté au Maître. On ne veut pas manquer une occaſion. Dès-lors on ſe peint à ſoi-même comme impoſſible, ou difficile, ce qui peut-être ne l'eſt pas ; & dès qu'une fois on ſubordonne les intérêts publics aux conſidérations perſonnelles, on ne peut réuſſir, ni bien ſervir ſon Maître & ſa Patrie. Il faut donc commencer par un entier oubli de soi-même, ainsi qu'on l'a déjà dit, & se persuader que quel que soit le succès, on est digne de loüange & susceptible de récompense, quand on a fait tout ce qui a pu dépendre de soi.

Souvent aussi il arrive que l'impatience du Négociateur, dans des Traités de paix, vient du Gouvernement même au nom duquel il traite; mais le Négociateur doit sçavoir la manière de s'y prêter. Il faut même qu'il travaille dans ses rélations à la rallentir quand il voit démonstrativement qu'il y a à perdre en se pressant trop, & que moins de vivacité peut procurer de plus grands avantages.

Comment on doit se prêter à l'impatience de sa Cour.

Un Ministre n'a pas toujours une négociation à suivre: ou le besoin & l'occasion n'y sont pas, ou le peu d'intelligence qui se trouve entre deux Cours ne le permet pas; mais il n'est pas pour cela oisif, s'il veut remplir toutes ses obligations. Et c'est un préjugé que d'imaginer qu'il n'y ait pas d'occasion de mériter, quand on n'est pas chargé de négocier. C'est cette fausse opinion qui jette souvent un Ministre dans de grands inconvéniens par

Préjugé dangereux pour le service du Maître.

par le désir de traiter, sans examiner si cela peut être utile au Maître. Il y a quelquefois au contraire un grand talent à sçavoir ne rien faire; c'est une maxime dont il seroit à souhaiter que l'on fût bien convaincu, pour ne point engager mal à-propos des affaires qui ne vont à rien, & dont souvent la rupture ne fait qu'un nouveau sujet d'aigreur.

Considérations sur les devoirs du Ministre dans une Cour qui est en mesintelligence avec celle de son Maître.

Si deux Cours sont en mesintelligence, on a assés à faire à prévoir, ou à empécher l'éclat, à étudier la Cour auprès de laquelle on réside, à découvrir les desseins qu'elle peut former, à déveloper les vûes qu'elle peut avoir, à dissiper des préventions, si elles sont la cause de la mesintelligence, à adoucir certains sujets de mécontentement, s'il en existe; à changer les intentions des Ministres ou Favoris, s'il y en a qui soufflent le feu de la division; à justifier les torts qu'on veut nous imputer, à faire sentir ceux dont on croit avoir raison de se plaindre, à calmer les esprits, à dissiper des craintes mal fondées; enfin à en inspirer, si on le croit nécessaire, pour arrêter des mesures que l'on a lieu d'appréhender.

Une si grande multiplicité d'objets importans est plus que suffisante pour occuper un homme tout entier : ils exigent une grande vigilance, une étude continuelle, une pratique non interrompue de prudence & de sagesse, de douceur & de fermeté. Quand un Ministre est parvenu à ramener ainsi la bonne intelligence par ses soins assidus, il a souvent plus travaillé que celui qui a eu une négociation en forme à suivre, & il doit être estimé avoir rendu un service signalé à son Maître. S'il y a donc en de pareilles situations quelque desagrément, il est bien compensé par le succès & par le mérite qui y est attaché.

Succès flateur pour un Ministre.

L'occupation n'est pas moins grande, ni moins suivie pour un Ministre auprès d'une Cour en bonne intelligence avec la sienne. Le soin de l'entretenir, & même de l'augmenter, celui de cultiver les Ministres, de connoître l'étendue de leur crédit, les causes par lesquelles il peut diminuer; de prévoir quels sont ceux qui dans des cas de changement, peuvent succéder à leur faveur; de former des liaisons avec eux, de tâcher de leur inspi-

Objet de ses occupations dans une Cour liée même avec la sienne.

inſpirer des diſpoſitions favorables, ou au moins des ſentimens d'impartialité; ſont un travail continuel pour le Miniſtre, qui doit également porter ſes vûes ſur l'avenir, comme ſur le préſent.

Une infinité d'autres objets doivent encore partager l'application du Miniſtre. La connoiſſance du caractère & du génie d'une Nation, de la forme générale du Gouvernement, de l'étendue & des bornes de l'Autorité ſouveraine, des Loix, de la Juriſprudence générale & particulière, de ceux qui ſe diſtinguent dans quelqu'état que ce ſoit, du rapport & des liaiſons qu'il y a entre les différentes familles, des revenus & des dettes de la Nation, de l'état du commerce, de ſes défauts, des moïens propres à l'augmenter, des forces de terre ou de mer, de la ſituation des Places fortes, de l'état des Magazins & des Arſenaux, de l'uſage qui ſe fait des fonds publics, des reſſources que l'on en peut tirer dans des cas forcés, des talens des Généraux & Officiers, du progrès des Arts, de la faveur qu'on leur donne: enfin il n'eſt point de partie

Connoiſſances indiſpenſables à prendre dans le cours de ſa miſſion.

tie du Gouvernement public qu'un Miniſtre ne doive travailler à connoître, non par un examen ſuperficiel & paſſager, mais en ſe liant avec des gens ſages & inſtruits en chaque choſe, ne s'en rapportant pas au témoignage d'un ſeul, ou d'un petit nombre; mais conſultant pluſieurs perſonnes, combinant les rapports des unes & des autres, & cherchant toujours le vrai par la combinaiſon.

Obſtacle ordinaire à ces connoiſſances.

Pour faire avec ſuccès ces différentes opérations, il faut ſe dépouiller de tous préjugés de Nation, qui font que l'on blâme ou que l'on eſtime peu ce qui ne ſort pas du ſol natal, ou des mains de ſes concitoiens. Un Miniſtre qui parvient à aprofondir ainſi les choſes, ne rend pas un médiocre ſervice à ſon Maître, puiſqu'il lui fournit des connoiſſances utiles en beaucoup de points, pour tous les cas qui peuvent arriver.

Leur utilité.

Pour remplir ces objets, il faut ſe communiquer beaucoup, accueillir tous les gens de talens & de réputation, ſe livrer à la dépenſe, & ſçavoir donner à propos à ceux qui peu-

Ce qui les procure.

peuvent nous fournir des connoiſſances & des inſtructions. Tout Miniſtre qui ſe renfermera dans un intérieur ſerré & trop économe, tirera peu d'utilité de ſon ſéjour, & ne remplira pas l'eſſentiel de ſon devoir, qui eſt de donner à ſon Maître un tableau juſte & frapant des Païs où il a réſidé.

Réflexions ſur la manière de ſe conduire dans les Républiques.

Il y a des lieux qui, ſoit pour le cours ordinaire de la ſocieté, ou pour le ſuccès des affaires demandent que l'on ſe rende extrêmement communicatif. Tels ſont les Etats Républicains. Comme il y a un plus grand nombre de perſonnes qui compoſent le Conſeil de Souveraineté, où ſe décident les grandes affaires, il y a auſſi néceſſité de parler à chacun ſelon ce qui peut le mettre dans les principes qu'on veut inſpirer; obligation de répeter ſouvent les mêmes choſes aux uns & aux autres, intelligence dans la manière de préſenter le même objet ſous la forme la plus convenable au caractère & au génie de chacun, afin que dans la délibération commune, tous par différentes voïes puiſſent

être

être amenés au méme but. De même, comme la régie ou administration est repartie entre un plus grand nombre, quand on veut étre instruit, on est obligé de se communiquer à plus de personnes. Ainsi il faut dans les Païs Républicains des Ministres fort populaires, & qui ne craignent point la dépense, parce qu'elle est nécessaire.

Attention à ne point occasionner de soupçons dans l'esprit des Membres principaux.

Cette attention à rechercher tout le monde, ou cette espèce de popularité ne doit cependant être accompagnée de rien qui puisse faire supposer qu'un Ministre voulût, comme il ne doit pas en effet, entrer dans le détail des affaires domestiques, ou profiter de la multiplicité des membres qui composent la Souveraineté, pour les diviser entr'eux. Ce seroit une méthode qui rendroit un Ministre suspect même à ceux qu'il croiroit s'être attachés, ou qu'il penseroit avoir persuadés. L'esprit Républicain, ou l'esprit de liberté, qui pour être solide, doit poser sur l'union intérieure, ramene toujours toutes les autres affections à ce point de ralliement,

ment. Un Ministre qui auroit une fois donné dans ce piége, ne peut plus servir son Maître, & l'on est obligé de le retirer avec peu d'apparence d'en tirer des services utiles dans aucune Cour, parce que cet esprit de faction ne peut réussir en nul endroit, & que partout on le craint également. Il est d'autres moïens de faire les affaires de son Maître, que celui de porter le flambeau de la discorde, & de semer la zizanie dans l'intérieur d'une Cour ou d'une Nation.

L'importance d'étendre ses vûes sur l'avenir, ainsi que je l'ai dit, porte principalement sur les cas de changement de Maître dans le Païs où réside le Ministre; il doit avoir pris assés de connoissances sur le génie & les affections du Successeur, pour que la face de la Cour ne soit pas pour lui un tableau nouveau.

Conduite du Ministre dans un changement de regne.

Le Ministre n'étant que simple spectateur, il doit en ces occasions conformer sa conduite aux Loix du Païs, & porter ses respects au successeur désigné par ces mêmes Loix.

Dans les occasions où le droit de Sou-

Souveraineté seroit en litige, particuliérement en des Roiaumes électifs, où la division éleve quelquefois en méme-tems plusieurs Autels, le Ministre doit s'abstenir de toute démarche qui supposeroit reconnoissance, jusqu'à ce qu'il ait reçu les ordres de son Maître; n'en étant que représentant, rien ne peut lui tourner à reproche; & n'étant que témoin desintéressé, ce n'est pas à lui à décider pour ou contre; c'est à chaque Nation à se déterminer sur le choix & la légitimité du Maître qu'elle veut se donner. Un des compétiteurs auroit à se plaindre de la partialité du Ministre, & s'il avoit la force en main, il seroit en droit d'exiger sa retraite, parce qu'il agiroit d'aprés un droit qu'il regarderoit comme acquis & comme légitime. Quand le Ministre a reçu ses instructions sur le changement arrivé au lieu où il réside, il les exécute comme auparavant.

Bornes de ses devoirs en pareil cas dans un Roiaume électif.

C'est dans ces momens que le Ministre a le plus à travailler, ou pour soutenir les principes du Gouvernement précédent, s'ils sont conformes aux

Sujets d'application pour une Né-

aux intérêts de ſon Maître, ou pour en faire adopter de plus favorables. Il commence, pour ainſi dire, un Miniſtère nouveau; ſon activité & ſa vigilance doivent redoubler, juſqu'à ce que le nouveau Gouvernement ait pris une forme ſolide, & une conſiſtance ſur laquelle on puiſſe compter de façon ou d'autre.

ciateur dans un nouveau regne.

Souvent le Succeſſeur prend pour règle de blâmer, ou d'avoir pour ſuſpect tout ce qui a pu être agréable au précédent Gouvernement: enſorte qu'un Miniſtre qui y aura été dans une grande confidence & dans une intimité particulière, perd beaucoup lui-même, & participe au démérite de ceux dont il avoit la confiance & l'amitié. Jamais on ne doit trahir ſes amis, ni ceux qui nous ont aidé à bien ſervir notre Maître: mais un Miniſtre peut, ſans faire un ſemblable perſonnage, ſe tourner vers le nouveau Gouvernement, & s'offrir à ſon amitié, proportionément à la différence des caractères, par les mêmes moïens qu'il avoit emploiés pour bien mériter du Prédéceſſeur & de ſes Favoris. Un des plus ſûrs moïens de parvenir même à tenir une place convenable dans le nou-

Maximes qu'il doit obſerver.

nouveau tableau, est de montrer une exacte fidélité pour ses anciens amis. Les hommes peuvent avoir entr'eux des momens d'humeur & d'injustice ; mais tôt ou tard ils se rendent à la vérité ; & accordant leur estime aux personnes qu'ils voient ne point manquer à la sûreté & à la fidélité, ils les jugent bien-tôt dignes aussi de leur amitié, & répondent aux avances qu'un Ministre fait pour la leur demander.

Bons effets de la fidélité pour ses amis du précédent Gouvernement.

Tel est le fruit de la bonne réputation, & de cette sagesse, qui fait qu'un Ministre ne s'étant livré à aucune faction ni intrigue particulière, est regardé comme aiant simplement suivi les canaux établis pour les affaires publiques. Ce préjugé favorable fait qu'un Ministre s'insinue plus aisément auprès du nouveau Gouvernement, & qu'il y trouve des accès faciles & avantageux, surtout quand il a eu, comme on l'a déjà expliqué, l'attention de se les ménager d'avance, & sans affectation. Heureux le Souverain qui peut déposer ses intérets en de bonnes mains ! La gloire de son nom & le bonheur de son regne en dépendent souvent.

Un

Un Ministre public doit en général protéger tous les sujets de son Maître quand ils le méritent par leur conduite. Ceux qui sont en Païs étranger, sont sous une protection tacite du Ministre de leur Nation, sans avoir besoin de lui être personnellement attachés. Il suffit qu'ils rendent les honneurs & les devoirs dûs au représentant du Maître commun, qu'ils s'en fassent connoître, & que dans leur conduite il n'y ait aucun trait qui puisse faire rougir de la faveur qui leur seroit accordée. Il n'y a que trop de cette espèce de gens errans qu'on peut bien nommer vagabonds, ausquels un Ministre sage ne doit s'intéresser que pour leur sauver des affronts ou des taches deshonorantes, sur tout s'ils appartiennent à des gens qui méritent quelque considération; toute autre protection plus marquée ou plus étendue feroit tort au Ministre lui-même; & le mauvais usage qu'il feroit ainsi de sa représentation & de ses suffrages, en diminueroit le poids dans d'autres occasions, où l'un & l'autre seroient emploiés le plus légitimement & avec le plus grand discernement.

Protection qu'on doit en Païs étranger aux sujets de son Maître.

Jusqu'à quel point elle doit s'étendre pour certaines personnes.

 Le

Le Miniſtre n'a cependant par lui-même aucun droit de contrainte ou de coaction ſur ceux de ſa Nation ; il n'en peut exercer aucun immédiatement ; mais le Souverain auprès duquel il réſide, ne refuſe pas ordinairement le concours de ſon autorité, quand il eſt ſollicité par des conſidérations intéreſſantes.

Etendue de ſon autorité ſur les perſonnes de ſa Nation.

Par une ſuite du même principe, le Miniſtre doit quelque ſecours aux gens de ſa Nation dans les affaires contentieuſes qu'ils peuvent avoir en païs étranger. Son caractère, à la vérité, ne lui permet pas de ſe rendre ſolliciteur ; mais il a d'autres moïens de marquer la protection qu'il accorde. Il doit & peut cependant agir directement, quand ce ſont des affaires recommandées de la part de ſon Maître. Il arrive même d'ordinaire que l'on fixe ſa conduite en ces occaſions, en lui marquant s'il doit emploier le nom de ſon Souverain. Dans les choſes dont le ſuccès peut être équivoque, on doit à cet égard être fort circonſpect, pour ne pas compromettre un nom reſpectable. Or il eſt compromis indirectement, toutes les fois que l'événement ne répond

Délicateſſe à obſerver dans la manière d'apuïer leurs droits.

pond pas aux désirs du Prince dont le nom a été emploié. Un Ministre sage ne profite meme que rarement du pouvoir qu'il peut avoir en pareille occasion, & préfere de parler en son nom.

Plus cette circonspection est importante, & même nécessaire, plus un Ministre doit être attentif à prévenir toutes sortes d'incidens, parce qu'ils conduisent presque toujours à la nécessité de parler au nom du Maître. Les précautions les plus grandes ne mettent cependant pas toujours à l'abri de ces inconvéniens. Le Ministre est obligé de rendre compte de tout à son Maître; mais il faut quelquefois qu'il puisse être censé ne l'avoir pas fait, afin de prévenir de trop grandes suites. Un Ministre doit surtout user de cette espèce de stratagême, quand il peut espérer d'accommoder seul une affaire qui sera survenue.

Eviter les incidens.

Une grande partie des incidens naît de la legéreté, ou de la mauvaise conduite des Domestiques; aussi le Ministre doit-il regarder comme un de ses principaux soins celui de veiller sur tous ceux qui composent sa maison, & de les contenir dans une exacte discipline:

Veiller sur ses Domestiques.

pline: enſorte qu'il ne ſe faſſe rien qui puiſſe bleſſer les loix du Païs, ou tendre à offenſer qui que ce ſoit.

Règle qu'il faut mettre dans ſa dépenſe.

On n'a pas beſoin de parler ici de la règle qu'un Miniſtre doit mettre dans ſes affaires, enſorte que vivant noblement & dans l'abondance, mais ſans profuſion ridicule, il ne contracte point de dettes; elles ſont d'autant plus deshonorantes pour la dignité de la repréſentation, que le Miniſtre étant, comme on le verra dans la ſuite, à l'abri des pourſuites juridiques, la facilité à contracter des dettes peut être regardée comme un abus prémédité de cette immunité attachée au caractère public.

Les règles que l'on pourroit donner ſur cela, comme ſur les autres parties de la conduite particulière du Miniſtre public, ſont une ſuite naturelle des principes que j'ai établis, en parlant des qualités néceſſaires à un Miniſtre, & dont il faut faire dans cet état de repréſentation une application, pour ainſi dire, encore plus ſévere que dans le cours de la vie privée: parce qu'indépendamment de ce qu'on ſe doit à ſoi-même, on doit beaucoup auſſi à la re-

représentation dont on est revêtu, & dont on doit éviter d'obscurcir l'éclat par la moindre tache que ce puisse etre.

Un Ministre ne rempliroit qu'imparfaitement ses devoirs, s'il ne connoissoit pas tous les priviléges de son état. Un Particulier, s'il reste dans l'ignorance des droits qui lui peuvent appartenir, ne préjudicie qu'à lui-même; mais dans l'état de représentation, on préjudicieroit à celui duquel seul elle émane; cette connoissance devient la cause publique, & elle est trop intéressante pour pouvoir être négligée dans la moindre de ses parties.

Raisons de s'instruire des prérogatives de son état.

Or il faut connoître ces priviléges pour en joüir dans l'occasion; & il les faut connoître assés bien, pour n'en pas abuser, & ne les pas porter au-delà de leurs justes bornes.

Il ne s'agit pas d'examiner ici, si les priviléges attachés aux différens dégrés de représentation des différens Princes, sont raisonnables & sensés; ils n'ont communément d'autres titres que l'usage, ou une pratique ancienne. A la rigueur même ils ont pu dans leur origine être de pur caprice; mais dès qu'ils sont établis & consacrés par la

Réflexions sur les priviléges attachés aux fonctions de Ministre.

pratique, il les faut ſoutenir. Ce n'eſt pas au repréſentant à en rien diminuer, parce que c'eſt un attribut de chaque Souveraineté, & que par conſéquent ce n'eſt pas un bien dont le Repréſentant qui n'eſt que l'image du Souverain, puiſſe diſpoſer en aucune manière.

Sur la ſociété des Miniſtres Etrangers.

Le Corps des Miniſtres Etrangers dans un Païs, forme une eſpèce de ſociété indépendante, dont les membres vivent entre eux proportionnément pour l'intimité, à la manière dont leurs Souverains ſont enſemble ; mais toujours avec politeſſe & honnêteté, même quand les Maîtres ſont en guerre. Conduits par des intérêts différens, & ſouvent oppoſés, ils ont cependant tous un objet commun qui conſiſte à connoître le païs où ils ſont, & à faire réuſſir les vûes qui leur ſont confiées. Ils ſont liés en même-tems par une communauté de priviléges, dont l'infraction au préjudice de l'un devient la cauſe de tous, parce que chaque Souverain eſt léſé dans ſes pareils, quand même ils ne vivroient pas bien enſemble.

En quoi ils ſe réuniſſent toujours.

Différence de pri-

Chaque dégré de repréſentation différente eſt en ſubordination ou ſupérioriorité l'un envers l'autre, & joüit aussi de priviléges différens dans le Païs.

vileges suivant les caractères.

Le premier dégré représentatif est celui d'Ambassadeur Extraordinaire ou Ordinaire.

Différens dégrés de représentations.

Le second, est celui d'Envoié Extraordinaire ou Ordinaire.

Le troisième, est celui de Résident; car on ne mettra point au rang des dégrés de représentation celui de Ministre: c'est un titre vague, qui met à la vérité comme les autres, sous la protection du droit des gens, mais qui n'est susceptible d'aucun honneur particulier, distinct de ceux qui sont attachés aux autres caractéres. Ce n'est qu'un titre accidentel qui naît de la commission qu'un Particulier a d'administrer dans un Païs étranger les affaires de son Maître. Ce n'est même que depuis peu que l'usage s'en est établi; on l'a jugé plus commode, parce qu'il n'assujettit à aucun cérémonial, & parce qu'il peut être porté par des personnes de différente naissance, sans qu'on puisse en rougir, ou s'en trop glorifier.

Nouveauté & commodité du titre de Ministre.

Le titre de Plénipotentiaire n'est de même censé qu'un titre passager, sans

Ce qui releve celui de

Plénipotentiaire.

ſans autre décoration que le relief attaché naturellement à un emploi de confiance, qui ne peut rien exiger, mais qui attire de la conſidération & du reſpect.

La dignité d'Ambaſſadeur eſt ſi éminente, que tous les Princes n'ont pas le droit d'exiger qu'on en ait auprès d'eux.

Tous les Païs n'accordent pas des diſtinctions ſemblables aux Ambaſſadeurs; mais dans chaque Païs on accorde de plus grands honneurs au caractère d'Ambaſſadeur, qu'à tout autre caractère.

Que la dignité du Prince eſt intéreſſée à choiſir des gens de naiſſance pour Ambaſſadeurs.

Quoiqu'un Prince ſoit maître de donner ce caractère éminent à qui il veut, il eſt cependant de ſa dignité de n'en revêtir que des gens de grande naiſſance, ou décorés par de grands emplois. Un Prince même auquel on envoieroit pour Ambaſſadeur quelqu'un de baſſe extraction, ou ſans aucune illuſtration, pourroit regarder cela même comme un manque de conſidération, qui rendroit l'envoi moins agréable, quoiqu'on ne pût ſe diſpenſer d'accorder à un pareil Ambaſſadeur les mêmes honneurs, que s'il étoit

étoit d'ailleurs distingué par la naissance, ou par les emplois; parce que ces honneurs s'accordent au titre, & non pas à la personne.

Le caractère d'Ambassadeur Extraordinaire suppose seulement une commission passagère; & il y a des Païs où l'on rend à ce titre de plus grands honneurs qu'à celui d'Ambassadeur Ordinaire.

Sur les Ambassadeurs Extraordinaires.

Il en est de même des Envoiés, qui forment le second ordre de représentation; ceux qui sont Extraordinaires, ont communément un traitement différent des Envoiés Ordinaires. Quoique ni l'un ni l'autre de ces deux derniers titres ne doivent point être donnés sans discernement, l'usage est cependant d'en revêtir des gens moins qualifiés, qu'on ne les choisit pour l'Ambassade, sur-tout quand on les envoie à des Cours qni ne sont pas dans le droit de recevoir des Ambassadeurs de la part des grandes Couronnes.

Sur les Envoiés Extraordinaires.

Il est cependant convenable, non-seulement pour les titres d'Ambassadeurs & d'Envoiés, mais même pour le simple titre de Résident, de choisir

des

Convenance de n'emploier que des gens de condition.

des gens de condition, autant que l'on peut. Cela attire plus de considération personnelle. Cet état suppose une meilleure éducation, plus d'usage de vivre dans un certain cercle de bonne compagnie, & des sentimens plus élevés. Ce n'est pas qu'il ne puisse s'en trouver dans un ordre inférieur; mais il faut convenir qu'ils doivent s'y trouver moins communément & moins sûrement. Autre chose est, quand il est question de commissions secretes & uniquement d'affaires. Alors il ne faut chercher que l'expérience & les talens; & d'ailleurs un homme obscur attire moins l'attention des curieux, & dérobe bien plus sûrement sa marche.

Exception à cette règle pour les commissions secretes.

Ce qu'on vient de dire sur le choix des personnes de quelque considération, est absolument nécessaire pour le choix du Résident, parce que c'est le dernier des trois dégrés de représentation qu'il faut par conséquent relever. Si d'abord les gens d'une certaine naissance y ont quelque répugnance; en y attachant des récompenses & des honneurs, on verra bientôt le préjugé disparoître, & céder à la

Nécessité de relever par quelques distinctions le titre de Résident.

la ſaine raiſon, qui doit faire regarder comme très-honnête tout dégré de repréſentation d'un Maître qui nous commande ſouverainement, & auquel nous faiſons ſans diſtinction de naiſſance une égale profeſſion d'obéir.

Si ces trois dégrés de repréſentation reçoivent des traitemens fort différens, ils ont cependant des prérogatives communes, parce qu'elles ont leur origine dans le reſpect dû à la perſonne qui ſe repréſente par ſes Miniſtres.

Prérogatives communes à to dégré d repréſentation.

La première eſt la ſûreté perſonnelle & celle de tout ce qui compoſe la maiſon du Miniſtre caractériſé.

Détail ſur les immunités.

Dès que le Miniſtre a été accepté par celui auprès duquel il eſt envoié, & qu'il arrive dans ſes Etats, il eſt ſous la protection du droit des gens.

Comme ſa maiſon & ſa famille ſont cenſées repréſenter la Nation entière du Miniſtre, il joüit dans ſon intérieur de la même liberté que dans ſon propre Païs.

Quoiqu'il ſoit dès-lors ſous la protection du droit des gens, il ne joüit cependant pas toujours de toute l'étendue de ſes prérogatives, juſqu'à ce qu'il qu'il ait été admis par le Prince lui-même auprès duquel la remise des Lettres de créance acheve de développer tout son caractère, & les effets de ce même caractère; aussi convient-il qu'un Ambassadeur ne différe cette fonction que le moins qu'il lui est possible.

En quoi les Ministres étrangers sont obligés de se conformer aux usages & aux loix du Païs.

Ce droit de sûreté générale & absolue ne dispense pas le Ministre pour tous les actes extérieurs & pour les pratiques générales, de se conformer aux usages & aux loix du Païs; il ne l'autorise pas à faire rien qui puisse le priver de l'exercice de ses prérogatives, parce que les distinctions ne sont point établies pour donner naissance à des abus, & qu'il ne seroit pas raisonnable, par exemple, qu'une défense commune à toute une Nation sans exception, ne le fût pas aussi au Ministre étranger en tout ce qui est acte extérieur, ou pratique étrangère à l'objet du caractère.

Cette sûreté a ses bornes même pour l'intérieur. Car bien qu'on ne puisse exercer aucune violence contre un Ministre public, qui effectivement n'est justiciable que de son Souverain naturel: il y a des cas majeurs dans lesquels

quels les voïes de contrainte sont permises, si elles sont nécessaires pour empécher des intrigues ou des complots dangereux que formeroit un Ministre étranger. On ne peut pas l'arrêter, mais on peut l'obliger à se retirer & le faire même accompagner jusqu'à la Frontière : ce qui n'est pas un acte de violence, mais seulement de contrainte.

Circonstances où les voïes de contrainte sont permises contre les Ministres.

Les personnes qui sont vraiment du corps de la maison du Ministre caractérisé, doivent joüir aussi de la même sûreté que lui, ensorte qu'on ne peut ni les arrêter, ni les insulter, parce qu'ils ne sont justiciables que du Ministre: mais la qualité de Ministre ne doit point autoriser l'impunité en faveur de ceux qui le servent; & si à la rigueur, le Ministre étranger ne peut pas être forcé de châtier, il n'est pas moins vrai qu'il abuseroit de son caractère s'il ne le faisoit pas. C'est aussi tout ce qu'on peut demander & attendre du Ministre, sans pouvoir exiger de lui qu'il livre l'accusé. Il peut l'abandonner, & le faire chasser de sa maison. Le coupable alors ne peut pas en réclamer l'immunité, &

Comment ils en doivent user à l'égard des personnes de leur maison.

& la Justice publique rentre dans l'exercice de tous ses droits. Cela est constant & doit être surtout décidé pour un naturel du Païs, qui n'est qu'accidentellement au service d'un Ministre; car on trouveroit de la cruauté & de l'irrégularité à un Ministre de livrer un homme de sa Nation à la Justice du Païs où il réside: à moins que ce ne fût pour quelqu'un de ces crimes capitaux pour lesquels toutes les Nations ont établi des punitions égales.

A quoi un Ministre doit borner l'exercice de sa Religion.

Le Ministre caractérisé peut conjointement avec son Domestique professer dans l'intérieur de sa maison, sa Religion naturelle, quand même elle seroit défendue dans le Païs où il réside; mais il ne peut pas en faire une profession publique, ni appeller à son culte des Sujets du Prince auprès duquel il est envoié, & qui est en plein droit de les faire arrêter, (si c'est la loi du Prince ou du Païs) non dans la maison du Ministre, mais avant que d'y entrer ou après en être sortis. Le Ministre par l'abus de ses priviléges, attireroit contre lui de justes sujets de plaintes, de même que par tous autres moïens

moïens qu'il emploieroit pour mettre à couvert ceux qui pour des cas pareils seroient justiciables de leur Souverain. En effet, comme un Ministre ne doit rien faire contre les loix générales du Païs où il réside, il ne peut pas non plus légitimement aider les Sujets naturels de ce Païs à s'y soustraire. C'est jetter le trouble dans un Peuple; & nul privilége n'en donne le droit.

Par la même raison que la personne du Ministre est en sûreté sous la protection du droit des gens; sa maison joüit aussi d'une entière immunité: ensorte qu'on ne peut y entrer par force, & que la Justice ordinaire n'y peut aborder; mais il y a plus d'un exemple qu'on a donné quelquefois trop d'étendue à cette immunité, qui doit avoir ses bornes.

Sur les justes bornes des immunités.

Un Ministre prévariqùeroit, qui feroit, pour ainsi dire, trafic de ce droit;

Ou qui provoqueroit tout le monde sans distinction à en joüir;

Ou qui accorderoit l'azile à des gens coupables de crimes capitaux, pour les soustraire à la Justice ordinaire.

Qu'un homme dans quelque cas

 mal-

malheureux s'y réfugie, rien de plus simple & de plus autorisé ; mais la maison d'un Ministre caractérisé doit plus que toute autre, être le séjour de la vertu, & servir d'exemple pour la pratique des régles de justice & d'équité.

Réflexions sur les franchises.

Les Ministres ont encore dans presque tous les Païs des franchises pour ce qui vient du déhors à leur usage, ou à celui de leur maison. Les Ambassadeurs plus que les Envoiés, à cause de la distinction de leur caractère. Un Ministre doit soutenir ces franchises, mais il doit dans la joüissance de ce droit, être très-attentif à ce que l'on ne puisse pas abuser de son nom, pour autoriser la fraude, au préjudice des droits du Prince auprès duquel il réside. Il est encore bien plus répréhensible quand il y donne lieu lui-même. Si ces franchises ont diminué en quelques Païs, cette diminution n'est venue que de l'abus qu'en ont fait ou laissé faire des Ministres assûrément bien peu dignes de ce titre respectable. La négligence, ou une ridicule complaisance laisse introduire l'abus. L'esprit d'intérêt y fait prendre part. Le

Minis

Ministre devroit sçavoir grand gré à quiconque l'avertiroit de l'abus qui se commettroit sous son nom, & c'est le cas où il doit permettre que la justice ordinaire y pourvoie contre ceux qui pourroient être surpris en contravention. Le caractère public & son immunité sont à couvert, quand c'est du consentement du Ministre que s'exerce un châtiment, qui sans son aveu seroit une dérogation à ses priviléges.

Que les priviléges ne sont point inséparables des fonction du Ministre.

Les priviléges d'un Ministre public ne sont pas tellement dépendans de l'exercice de ses fonctions, qu'ils en soient inséparables; car dans le cas dont on va parler, où l'activité du Ministère public se trouve en suspens, les effets du droit des gens, comme la sûreté de la personne & l'immunité de la maison, ne subsistent pas moins, parce que les priviléges ne peuvent cesser que par la révocation formelle, ou par la cessation du titre auquel ils sont attachés.

Circonstances qui suspendent l'activité des fonc.

Deux cas mettent en suspens l'activité du Ministre public; la mort du Souverain auprès duquel il réside, & celle du Prince qu'il représente; même quand le Prince qui succéde est suc-

 cesseur

tions d'un Ministre.

Nécessité pour lui d'avoir de nouvelles Lettres de créance.

cesseur forcé & nécessaire, il faut que le Ministre ait de nouvelles Lettres de créance pour rentrer dans toutes ses fonctions accréditées. Le défaut de nouvelles Lettres de créance pourroit & feroit supposer que le Successeur ne seroit pas reconnu par le Prince que le Ministre représente, ensorte qu'il faut une nouvelle autorisation. Ce principe est dans la rigueur la plus grande. Car dans la pratique on ne regarderoit pas comme moins digne d'attention ce qu'un Ministre diroit avant que de recevoir ses nouvelles Lettres de créance, parce que l'autorité d'où a émané son pouvoir subsiste, & ne souffre point par la mort du Prince auprès duquel le pouvoir avoit été donné.

Autre chose est dans le cas de la mort du Prince représenté; car alors il est certain que le Ministre ne fait que joüir, comme on l'a dit, des privilèges de son état qui n'est pas révoqué; mais il n'a plus de pouvoir. Il reste bien sans interruption Ministre de sa Nation, & c'est à ce titre qu'il joüit des privilèges, & des effets du droit des gens; mais il lui manque, pour pou-

pouvoir agir valablement, l'autorisation que le seul Chef de la Societé, ou la seule Societé qu'il représente, peut donner. Et en effet il est raisonnable de douter si le Ministre sera continué, si ses démarches & ses propos seront avoüés, si les principes du Gouvernement n'ont point changé par la mort du Chef, comme souvent il arrive que le changement des personnes en apporte de grands dans le maniment des intérêts d'Etat. Un Ministre seroit donc blâmable qui hazarderoit dans cet intervale certaines choses qui pourroient engager le successeur, ou lui être à charge; parce qu'il s'exposeroit à un desaveu. Et il ne pourroit regarder que comme un événement heureux pour lui, mais purement gratuit, si malgré le défaut de pouvoir il parvenoit à obtenir de la Cour auprès de laquelle il résideroit, des avantages pour sa Nation. C'est sur cette différente nature de choses à faire que le Ministre doit se décider pour entrer dans une totale inaction, ou pour y mettre des bornes.

Qand le Ministre a reçu ses nouvelles Lettres de créance, il reprend

Langage que doit tenir le Ministre en s'accréditant de nouveau.

naturellement toute son autorisation, sans aucun autre cérémonial que celui de les présenter, en les accompagnant du langage qui lui est prescrit, & qui annonce ordinairement les principes du nouveau Gouvernement, ou qui est conforme à ce qu'on sçait de ceux du Gouvernement auquel on s'adresse.

Telles sont à peu près les différentes situations qui s'offrent dans la carrière que l'on vient de parcourir.

Devoirs du Ministre en quittant une Cour en liaison avec celle de son Maître.

Quand le Ministre est sur le point de revenir auprès de son Maître, s'il n'y a point de raisons de mesintelligence qui le mettent dans la nécessité de partir sans prendre congé, il remplit à peu près les mêmes fonctions & les mêmes devoirs qu'au tems de son arrivée; il présente ses Lettres de créance; il prend congé du Prince, le remercie de ses bontés personnelles, s'il en a éprouvé; il lui parle conformement à la situation dans laquelle se trouvent les affaires au moment de son départ. Il voit les Ministres, il s'assure de leurs sentimens, il les y confirme. Il se ménage des occasions & des moïens d'entretenir quelque cor-

correſpondance utile. Il voit les Miniſtres étrangers dans le même ordre qu'il les a viſités d'abord, ſi ce ſont les mêmes & ſi leur caractère n'a pas changé, après quoi il part dans le tems qui lui eſt permis, ou preſcrit.

Raiſons pour prolonger le séjour des Miniſtres, dans les Cours où ils réuſſiſſent.

Comme il n'eſt pas sûr qu'un Miniſtre, malgré les talens qu'il peut avoir, réuſſiſſe également bien en tous genres de commiſſion, ſes ſuccès doivent déterminer à ne le pas retirer legérement du Païs où il réſide ; & il eſt de la ſageſſe du Gouvernement, pour prolonger ſon ſéjour, de l'indemniſer de ce que ſon abſence & ſon éloignement pourroient lui porter de préjudice par rapport à ſes affaires domeſtiques.

Indemnité à leur procurer.

Circonſtances où le Maître doit permettre le retour.

Lors cependant qu'il y a des cas d'une néceſſité abſolue, dans leſquels tous les bienfaits du Souverain ne pourroient pas, pour ainſi dire, indemniſer de l'abſence, il eſt de ſa bonté de laiſſer revenir un Miniſtre dont il a une entière ſatisfaction.

Précaution utile à prendre en relevant un Miniſtre

Dans ces occcaſions, il ſeroit très-heureux de pouvoir envoier quelque tems d'avance le ſucceſſeur ſur les lieux, afin qu'il pût ſe former ſur de bons exem-

exemples, voir par lui-même le genre de conduite qui réussit le mieux, connoître les amis que son prédécesseur a formés & cultivés, acquérir leur confiance, la mériter, prendre une connoissance exacte des affaires & des hommes. Le successeur ne doit point rougir de paroître devoir quelque chose aux instructions de celui qui l'a précédé; & le prédécesseur de son côté ne doit point avoir la criminelle jalousie qui l'empêcheroit de donner à celui qui le remplace les moïens de réussir aussi bien que lui.

Devoirs mutuels du successeur & du prédécesseur.

Or quelque bonne rélation qu'un Ministre, à son retour, puisse donner du Païs où il a résidé, son successeur n'en saisit jamais aussi bien l'esprit, que quand il a lui-même été sur les lieux, & qu'il y a vû opérer.

Inconvénient qui résulte de l'intervale qui se trouve entre le départ d'un Ministre & l'arrivée

L'intervale qui se trouve entre le départ de l'un, & l'arrivée de l'autre, cause quelquefois un grand vuide; la scéne change sans qu'on en soit témoin; des préventions s'établissent sans qu'on soit à portée de l'empêcher; des amis se refroidissent, parce qu'on ne les a pas pu cultiver, & soutenir par le canal du Ministre en qui ils avoient confiance.

Le

Le tems que l'on emploie à connoître le ſucceſſeur, s'il n'eſt pas connu avant que d'être emploié lui-même, eſt un tems perdu pour les affaires, & pour le ſervice du Maître. Souvent même le ſucceſſeur ſe fait un principe de marcher ſur des erremens opposés à ceux qu'a ſuivis celui qui l'a précédé, quand il n'a pas été obligé, par ſa propre expérience, de reconnoître & d'avoüer la bonté d'un ſyſtême qu'alors il ne peut pas ſe diſpenſer de ſuivre. Or tout changement de conduite & de principes eſt la perte indubitable des affaires, quand il ne naît pas forcément des affaires mêmes.

d'un autre.

Quoiqu'un Miniſtre ait, conformement à ſon devoir, rendu compte exactement à ſon Maître de tout ce qui a pu venir à ſa connoiſſance, il y a cependant une infinité de faits qui échapent, & beaucoup d'anecdotes que l'on n'a pas pu détailler, ou que l'on n'a pas cru néceſſaire de déveloper. C'eſt à quoi un Miniſtre rendu à lui-même doit ſuppléer, ſoit dans ſes converſations avec les Miniſtres de ſon Maître, ou par des rélations bien détaillées & dreſſées à loiſir; il doit y tracer une eſpèce

Détail des devoirs & de la conduite d'un Miniſtre quand il eſt de retour auprès de ſon Maître.

 de

de tableau général, dans lequel tous les objets soient si distincts & si bien représentés au vrai, que le Gouvernement puisse, selon la nécessité, retrouver ceux dont il peut avoir besoin, & les connoître si bien, qu'il n'en fasse qu'un usage assuré. Les connoissances qu'un Ministre a acquises dans le cours de sa mission, ne sont point un bien qui lui appartienne; c'est le bien de son Maître, puisqu'elles ne peuvent avoir d'usage ni d'application qu'aux affaires générales; & le Ministre hors d'emploi doit toujours les voiler aux yeux du Public, comme un sanctuaire où tout est sacré. C'est par cette raison qu'il n'en doit rien cacher à son Maître, & qu'il lui doit, exclusivement à tous autres, toutes les pensées & les idées que peut lui suggérer son expérience personnelle. Le Public ordinairement curieux sans utilité pour l'Etat, taxera peut-être cette délicatesse de scrupule ridicule & de secret inutile, au lieu de respecter une discrétion dont la probité & l'amour de l'Etat sont les principes: mais un Ministre doit se défendre intérieurement d'un piége contraire aux devoirs de son état, & d'autant plus dan-

dangereux, que l'amour propre & l'envie de paroître, après y avoir conduit insensiblement, font trouver une satisfaction apparente à y être tombé.

Ce qui doit engager un Ministre qui a réussi à ne point perdre de vûe les objets de sa profession.

Or, bien que l'état de Négociateur paroisse une chose totalement passagère; cependant comme les premiers succès sont un titre pour être emploié dans de nouvelles Commissions, un Ministre se doit regarder, même dans ses momens de repos, comme consacré pour toujours à un service particulier, dont les obligations doivent sans cesse lui être présentes, & faire l'objet de ses études, comme la règle de ses conversations, & de ses démarches. Car, ne nous y trompons pas, ce n'est que la réflexion qui forme les hommes, surtout ceux qui sont destinés à la négociation. Cette méditation devient bien plus utile pour l'avenir, quand une première expérience peut lui servir de guide; au lieu que le Ministre perdant nécessairement beaucoup de ses talens, s'il ne les cultivoit pas, & s'il s'abandonnoit à une vie d'oisiveté intérieure & extérieure, la réputation de ses premiers succès parleroit contre lui-même, & ne rendroit que plus sensible

la

la différence du ſecond, au premier âge de ſa vocation.

On ne peut donc trop exhorter ceux qui ſont une fois entrés dans cette carrière difficile, à s'entretenir dans l'uſage de toutes les choſes qui peuvent y ſoutenir leurs ſuccès, & couronner les premiers par de nouveaux encore plus brillans. La manière dont on paroît dans cette carrière eſt ſatisfaiſante perſonnellement; l'objet en eſt extrêmement important à l'Etat; & les récompenſes en ſont preſqu'indubitables, pour qui ſçait joindre la perſévérance aux talens.

Quelqu'effraïant que puiſſe paroître au premier coup d'œil le tableau que l'on vient de tracer, de tout ce qui eſt néceſſaire pour former un Négociateur: il ne faut pas déſeſperer d'en pouvoir approcher aſſés pour bien ſervir ſon Maître, & pour acquérir de la réputation. Rien de ce qui peut dépendre des opérations de l'eſprit, n'eſt phyſiquemment impoſſible à l'homme; & comme il y a trop de préſomption à ne douter de rien, il y a auſſi ſouvent du défaut de courage, ou un goût de pareſſe à avoir de ſoi-même une défiance

fiance qui empêche d'entreprendre, & d'essaïer l'usage des dispositions que l'on doit à la nature, & des talens que l'on peut avoir acquis.

Manière dange- reuse de se juger.

Or, il est rare que les hommes se jugent en pareille occasion autrement que par le défaut naturel. Les uns, comme ceux qui sont braves, quand ils ne voient pas le danger, ne trouvent rien de difficile, ils entreprennent tout, & ne connoissent ordinairement l'écueil que par leur naufrage. On a déjà parlé de cette espèce de gens comme d'une espèce très-dangereuse pour les affaires. D'autres ont un fonds de paresse qu'ils consultent uniquement, & qui les empêche de se livrer au travail, & souvent cet engourdissement d'esprit est honoré du nom de modestie. Ces sortes de génies ne conviennent point non plus aux affaires, parce qu'ils sont susceptibles de beaucoup des défauts qu'on a marqués être un obstacle au succès des Negociations.

Qu'il faut s'éprou- ver pour se con- noître.

Il n'y a personne qui naisse avec une incapacité décidée pour aucun genre de connoissances; il peut seulement y avoir différens dégrés, & c'est cette diffé-

différence qui se découvre par la première épreuve que l'on fait de soi-même ; heureux quand elle est proportionnée aux forces de celui qui s'essaïe. On a quelquefois des succès favorables qu'on ne doit qu'au hazard ; il faut les exclure de l'examen que l'on fait de ses forces éprouvées. Il y en a de malheureux qu'on ne peut pas justement se reprocher, & ceux-là ne doivent point contribuer à augmenter la défiance de soi-même. Mais quand un homme se rendant de bonne foi compte de lui à lui-même n'a que des témoignages satisfaisans à se rendre, il seroit extrêmement repréhensible de renoncer aux occasions de se perfectionner par de nouvelles épreuves de négociation. Il doit au contraire en finissant une carrière se préparer à une nouvelle par une étude suivie des choses qui y sont propres ; ensorte qu'il soit en état de répondre aux choix de son Maître, & de s'acquiter envers sa Patrie, en la servant.

En effet la première fois que l'on s'engage dans la carrière de la négociation, on n'a pas une sorte de sûreté que l'on soit déterminément propre au au genre d'affaires que l'on entreprend; au lieu que l'examen que l'on fait de ſang froid des différentes époques d'une première miſſion, indique néceſſairement à quelles commiſſions on convient mieux, & quelle eſpèce d'étude on a beſoin de faire pour ſuppléer à ce qui peut manquer. Tel eſt véritablement le fruit de l'expérience que la ſeule méditation peut produire; car beaucoup de gens après une longue ſuite d'affaires n'en ont pas réellement plus d'expérience que le premier jour, parce qu'ils ont traité les affaires à peu près comme de certaines gens liſent des volumes avec une rapidité, & une diſtraction qui ne laiſſent aucune trace dans le cerveau. Or rien n'eſt ſi ordinaire dans le cours de la vie, que de voir des perſonnes pour leſquelles tous les livres qu'elles ont lûs pourroient encore être nouveaux; ou ſi la mémoire les a bien ſervies, le repos dans lequel ſont reſtées les opérations du jugement n'a produit qu'un travail inutile. L'avantage de ce qu'on nomme la mémoire eſt une choſe abſolument idéale, & un être de raiſon, ſi la réflexion n'a point ap-

Fruit de l'expérience.

Ce qui conſtitue l'avantage de la mémoire. appris à faire une heureuse application de ce que l'on a retenu. C'est par cette raison qu'on ne l'a pas comprise distinctement au nombre des qualités nécessaires aux Négociateurs, parce qu'on ne connoît de mémoire sûre que celle qui naît des opérations de l'esprit ou du jugement. Et jamais en effet on n'oublie ce sur quoi on a médité profondément. La nécessité de la mémoire est donc indiquée implicitement dans ce qu'on a dit sur les autres qualités de l'esprit, quoiqu'on n'en ait pas fait une mention expresse.

nclu- de ce- ours. [illegible] Puisse ce discours, dans un tems où les portes du Temple de Janus vont être fermées, contribuer à ce qu'elles ne soient ouvertes de long-tems, en inspirant assés le goût de la négociation, pour que l'on apprenne à faire réussir par cette voïe permise, les desseins justes & raisonnables que l'on expose quelquefois trop legérement aux hazards de la guerre! Et puisse l'éclat inséparable de la pratique des grands talens succéder à la gloire des armes, & soutenir les Lauriers qu'elles ont moissonnés.

FIN

www.ingramcontent.com/pod-product-compliance
Ingram Content Group UK Ltd.
Pitfield, Milton Keynes, MK11 3LW, UK
UKHW022102190726
13855UKWH00002B/594

9 782013 374385